Ruth Moschner

BACKEN FÜR ANGEBER*innen*

Ruth Moschner

BACKEN FÜR ANGEBERinnen

südwest

Begrüßen Sie Ihre Freunde ab sofort immer mit einem duftigen „Kommt rein, greift zu, ich habe gebacken!"

„Die Arbeit in der Küche soll Spaß machen sowie hinterher bei Tisch den Köchen und ihren Gästen Freude bereiten. Dann ist der gemeinsame Genuss schon programmiert und fast jede (Kalorien-)Sünde wert …"

Liebe Leserinnen und Leser,

ein Kochbuch mit dem Titel „Backen für Angeber(innen)" ist eine Provokation. Denn jeder möchte sich optimal präsentieren, aber plumpes Angeben möchte sich niemand vorwerfen lassen. Die beliebte TV-Moderatorin Ruth Moschner muss nicht angeben, um bei den Menschen gut anzukommen. Sie bekennt sich souverän zu ihren „5.000 Problemzonen" und zu ihrer Schwäche bei süßen Versuchungen. Diese sympathische Offenheit hat schon ihren Genussbüchern „Süße Märchen" und „Die Schoko-Diät" Erfolg beschert. Den Einfluss des Body-Mass-Indexes (BMI) definiert sie bekanntlich wie folgt: „BMI – Bissig und Mies gelaunt Inklusive". Ist das nicht verblüffend einleuchtend?

In diesem Werk erklärt nun die Autorin, wie leicht verlockende Backwaren in jeder Hausfrauenküche produziert werden können. Sie interpretiert klassische Rezepte auf ihre ganz persönliche Art. Schlichte Zutaten verwandelt sie in überraschend köstliches Gebäck. Ihre gut verständlich formulierten Rezepte verführen zum Ausprobieren, denn sie gelingen auch mit wenig oder auch ganz ohne Backerfahrung. Damit die süßen Resultate auch optisch perfekt rüberkommen, liefert Ruth Moschner gleich fantasievolle bis verrückte Dekorationsideen dazu – perfekt!

„Backen für Angeber(innen)" gefällt mir auch deshalb so gut, weil die Autorin an das Thema stets humorvoll herangeht und das vermittelte Grundlagenwissen durch lustige Anekdoten anreichert. Denn die Arbeit in der Küche soll den Menschen Spaß machen sowie hinterher bei Tisch den Köchen und ihren Gästen Freude bereiten. Dann ist der gemeinsame Genuss schon programmiert und fast jede (Kalorien-)Sünde wert.

Mir ist bekannt, dass sich Ruth Moschner im sozialen Bereich sowie als Biobotschafterin engagiert: Beispielsweise bringt sie beim „Bundesprogramm Ökologischer Landbau und andere Formen nachhaltiger Landwirtschaft" Kindern und Erwachsenen einen nachhaltigen und gesunden Lebensstil näher. Dieses Thema liegt auch mir besonders am Herzen, denn es wird die Zukunft unserer Gesellschaft mitentscheiden. Deshalb wünsche ich Ruth Moschner und auch diesem ganz speziellen Backbuch viel Erfolg.

Und Ihnen, liebe Leserinnen und Leser, wünsche ich viel Spaß beim Ausprobieren der Rezepte und beim anschließenden Genuss der süßen Köstlichkeiten!

Herzliche Grüße

Ihr Johann Lafer

> *Tiefstapelei hat beim Backen nichts zu suchen. Hier muss man aus dem Vollen schöpfen.*

Backen mit Ruth einfach & gut

Es geht doch nichts über den leckeren Duft nach Vanille, Butter und Zucker, der sich am Wochenende langsam aus der Küche schleicht und die eigenen vier Wände mit Liebe, wohliger Wärme und schönen Erinnerungen füllt.

Etwas Selbstgemachtes hat immer Hochkonjunktur, egal wie gut oder wie schlecht die Zeiten sind. Der Duft von frischem Backwerk löst in mir so ein beruhigendes Gefühl aus. Ein leckeres Stück Kuchen kann Freundschaften besiegeln, einen Streit schlichten, Tränen trocknen oder mit einer Tasse Kaffee und zwei Gabeln zum sexy Vorspiel werden.

Da weiß man, was man hat, und vor allem auch, was drin ist. Wie beim Kochen gilt natürlich auch für einen guten Bäcker die goldene Regel: Gute Zutaten ergeben ein gutes Endprodukt.

Irgendwie klingt das jetzt zu sachlich. Lassen Sie mich es anders formulieren: Ich möchte mit diesem Buch zeigen, wie man mit wenig Aufwand einen Rieseneffekt erzielen kann. Vergessen Sie nur eines nicht: Egal wie beeindruckt ihre Fans bald sein werden, verraten sie bloß nicht, wie EINFACH das im Grunde alles ist.

Tiefstapelei hat beim Backen nichts zu suchen. Hier muss man aus dem Vollen schöpfen. Bloß kein Magerquark, hier ist Doppelrahmstufe angesagt. Kein Low-Fat, zuckerfrei und vorgetäuschte Bescheidenheit, wenn es Komplimente hagelt. Das betone ich so, weil ich das auch erst einmal lernen musste.

Als ich meine Mädels in den Anfängen zum Nachmittagskaffee eingeladen habe, hat mir erst mal keine geglaubt, dass ich selbst backe. Und auch in der ein oder anderen TV-Redaktion war man erst mal genauso überrascht wie ich. Mir wurde das Back-Gen quasi in die Wiege gelegt. Ich habe bei uns zu Hause relativ früh die Herrschaft über Eier, Butter, Zucker und Mehl übernommen. Durch meine Adern fließt Schokolade, und ich spreche Schneebesen.

Kein Wunder, ich habe schließlich österreichisch-ungarische Wurzeln. Servus Kaiserschmarrn, Sachertorte, Vanillekipferl! Als der jüdische Teil meiner Familie nach dem Zweiten Weltkrieg nach Amerika auswanderte, machte sich sogar eine meiner Tanten mit einem Tortenunternehmen selbstständig! Und das sehr erfolgreich! Die Tradition hat sich fortgesetzt. Auch mein Cousinchen in Seattle oder meine Familie in Wien lieben süße Experimente. Dass das alles so einen tiefen Eindruck hinterlässt, hat mich zuerst wirklich überrascht. Ich konnte kaum über die Tischplatte gucken, habe aber dennoch die Küche im Sturm erobert und bereits als Dreikäsehoch die tollsten Torten gebacken.

Inzwischen erwarten meine Naschjünger und -jüngerinnen immer neues Backwerk von „Frau Moschner". Dabei werden sie natürlich gnadenlos als Versuchskaninchen missbraucht. Aber das muss man ihnen ja nicht unbedingt aufs Zuckerbrot schmieren.

Ich liebe es, beim Backen zu experimentieren. Meist inspirieren mich fremde Länder, wo ich mir oft die Nase am Schaufenster der Konditoreien platt drücke. Neue Obst- oder Gemüsesorten oder Jahreszeiten regen mich an, aber auch einfach eine Laune, die mich zwingt, ein neues Rezept zu kreieren. Dann komme ich mir immer vor wie der Zauberlehrling, der in seiner Hexenküche herumprobiert.

So, jetzt ist aber genug mit der Angeberei. Hier kann und muss ich es zugeben: Ich bin trotz Talent und Fachwissen immer noch ein Riesenschussel! Bei mir landet immer was auf dem Boden, weil ich mit dem Hintern an der Spüle hängen geblieben bin oder weil sich vor meinem Fenster einfach was Interessanteres platziert und meine Aufmerksamkeit eingefangen hat.

Multitasking ist einfach nicht meins. Auch wenn ich es immer wieder versuche. Ich bin manchmal völlig verpeilt, und trotzdem schaffe ich es beim Backen, alles so in den Griff zu bekommen, dass ein schönes leckeres Ergebnis dabei rauskommt. Wie? Das habe ich in dieser schnuckligen Angeber-Fibel für Sie zusammengefasst.

Eines kann ich ja schon mal vorwegnehmen: Bei mir steht immer der Genuss im Vordergrund. Der beginnt mit einer tollen Rezeptidee und beim Einkauf schöner Zutaten, dauert während der Zubereitung an und endet – nein, nicht beim Verputzen – sondern erst, wenn die Erinnerung an das süße Stück verschwimmt.

Ach ja, bei aller Liebe, manchmal muss man auch brutal sein. Torten, Cupcakes und Co. sollten während ihrer Verspeisung immer die volle Aufmerksamkeit bekommen. Selbstgebackenes ist ein Schatz. Wer den Wert nicht erkennt, der hat kein zweites Stück verdient.

Viel Spaß und gutes Gelingen!

Ihre Ruth Moschner

Beim Backen darf man alle beteiligten Zutaten befummeln, ohne dafür bestraft zu werden.

Back-ABC

Anfangen
Klingt banal, aber sich ein Rezept einmal komplett durchzulesen, bevor man startet, ist schon die halbe Miete. ☺

Backtriebmittel
Ich verwende selten Back- , Weinsteinpulver oder Natron. Die meisten meiner Rezepte folgen einem anderen Trieb, nämlich dem von Eiweiß und Luft, also gutem Verrühren mit der Küchenmaschine. Dennoch können Sie natürlich auch Backtriebmittel verwenden.

Backofen
Vorheizen: Ich schalte immer vor Beginn der ganzen Rührer- und Kneterei den Ofen ein. Wenn der Teig dann im Förmchen sitzt, geht er direkt ins Warme.
Heiß- oder Umluft, Ober- oder Unterhitze: Wir Amateure können uns den Ofen nur selten aussuchen. Ich habe eigentlich schon fast jeden Herd testen dürfen. Heißluftherde geben die gleichmäßigste Hitze ab und sind daher natürlich fürs Backen ganz toll geeignet. Besitzen Sie ein solches System, stellen Sie den Ofen bitte um 30 Grad kühler ein. Umluft kommt dem Prinzip sehr nahe. Bei einem Herd mit Ober- bzw. Unterhitze (mit einem solchen hatte ich die letzten zehn Jahre zu tun) empfehle ich auf jeden Fall das Backwerk auf der mittleren Schiene zu platzieren. Backen Sie nichts parallel, wie man es in einem Heißluftherd tun könnte.

Backzeit
Zeitangaben in Backbüchern sind meist ungenau. Das hat nichts mit Boshaftigkeit zu tun, sondern liegt daran, dass jeder Ofen anders „tickt". Ich vermute, manche haben sogar eine eigene Persönlichkeit, und man kann erst im Laufe der Zeit Freundschaft mit der heißen Röhre schließen. Ich stelle mir beim Backen deshalb einen Wecker, der mir etwa 10 Minuten vor dem Ende der Garzeit Bescheid gibt, um den Kuchen zu testen.

Beschichtete Pfanne
Eine super Erfindung! Denn: hier brennt nichts so schnell an. Geübte können dank Beschichtung sogar Schokolade ohne Wasserbad schmelzen. Karamell und Toffeecreme gelingen in so einem Bratgestüm auch besser.

Bio
Ich habe manchmal ein bisschen zu viel Temperament und mache gerne Extremsport. Nur beim Essen gehe ich kein Risiko ein und schwöre auf Bio und nachhaltige Lebensmittel.

Blindbacken
Das hat nichts mit verbundenen Augen zu tun. Teig, auch Mürbeteig, hat die Angewohnheit, sich im Backofen aufzuplustern. Damit man einen Tarteboden später gut belegen kann, sollte man ihn davon abhalten. Dazu decken Sie den Teig in der Springform mit Alufolie oder Backpapier ab und füllen die Form mit Reis oder Hülsenfrüchten. Nach etwa 15 Minuten Backzeit entfernen Sie das Ganze wieder.

- Muss die Füllung der Tarte nicht gebacken werden, kommt die Mürbeteig-Tarteform nochmal für 5–10 Minuten in den Ofen, um goldbraun durchzubacken. Achten Sie jedoch darauf, dass der Teig nicht verbrennt.
- Bei Füllungen, die mitgebacken werden, wäre jetzt der richtige Augenblick, sie einzufüllen und dann geht es gemeinsam wieder ab in die Hitze.

Deko
Zum Thema Deko gibt es ein eigenes Kapitel, weil das Auge schließlich mitisst und daher das ganze Thema schon fast die halbe Miete darstellt. Dennoch sind die unterschiedlichen Vorschläge bei den Rezepten immer nur eine Option, das Ganze noch eindrucksvoller gestalten zu können.

Eier, Butter, Zucker – das sind die Hauptzutaten für die unendliche Geschichte der süßen Verführungen.

Eier
Für mich ist es selbstverständlich, Bioeier zu kaufen. Sie garantieren dem Huhn ein artgerechtes Leben, schmecken besser und enthalten keine künstlichen Farbstoffe, die dem Futter ansonsten beigemischt werden.

Eier sorgen für Zusammenhalt. Sie sind quasi „der Pate" im Teig. Wenn Sie keine Eier mögen oder sie nicht vertragen, können Sie 1 Ei z. B. durch 1 EL Sojamehl und 1 EL Wasser ersetzen. Der Teig wird zwar nicht so locker, aber er hält zusammen. Ähnlich funktioniert es, wenn man 1 EL Mehl, 1 EL Backpulver mit 2 EL Wasser vermischt. Mehr als 2 Eier sollte man aber dadurch nicht ersetzen. Ich finde, sonst schmeckt man das Backpulver zu sehr raus.

Eiweiß
Eiweiß lässt sich mit 1 Prise Salz wesentlich einfacher steif schlagen und bleibt länger stabil. Die richtige Konsistenz testen Sie, indem Sie die Schüssel umdrehen. Bleibt das Eiweiß in der Schüssel, ist es steif, kippt es hinaus, ist es zu spät, um darüber nachzudenken. Sicherheitshalber schlagen Sie es einfach ordentlich lang, das ist bei Eiweiß – im Gegensatz zu Sahne – kein Problem.

Gabel
Dieses banale Besteck hilft in vielen Situationen: Man kann z. B. tolle Teigwirbel drehen oder Frostings auftragen.

Gelatine oder Speisestärke
Um eine Flüssigkeit fester zu bekommen, verwendet man hierzulande oft Gelatine, in anderen Ländern wird Stärke aus Kartoffeln oder Mais bevorzugt. Verwenden Sie nie zu viel davon, sonst verliert die Creme an Schmelz, wird zu trocken oder gar bröselig. In diesem Buch werden Sie beides vorfinden, oft aber auch keines, da alleine durch das Aufschlagen einer fetthaltigen Masse (mind. 30 %) die Flüssigkeit einen gewissen Stand bekommt.

Holzlöffel
Dieses Küchenutensil erinnert mich immer an früher. Mittlerweile gibt es sicher bessere aus Kunststoff, aber irgendwie hänge ich an dem Material und bilde mir ein, damit alles besser im Griff zu haben. Doch egal ob Holz oder Kunststoff: Ein Löffel ist zum Umrühren oder Unterheben von Teigsorten unterschiedlichster Konsistenz durchaus hilfreich.

Kalorien
Kuchen, Kekse und Desserts sind natürlich keine Schlankmacher. Wer aber mit Leidenschaft an die Sache rangeht und sich ab und zu ein ehrliches Stück Torte gönnt, nimmt davon noch lange nicht zu. Bewusst genießen ist nämlich erlaubt. Nur heimliches Naschen und das schlechte Gewissen danach bringen Frust und lassen die Hose kneifen.

Küchenmaschine
Ich liebe meine Kitchenaid. Ich weiß, die Dinger sind schweineteuer, aber ich backe einfach unglaublich gerne, und deshalb habe ich mir im letzten Jahr eine knallrote geleistet. Die sieht so süß aus, ich könnt' sie knutschen! Wenn Sie nur ab und zu backen, dann ist ein elektrisches Handrührgerät völlig ausreichend. Menschen wie Johann Lafer und Co. schlagen den Teig natürlich locker aus dem Handgelenk, aber für zarte Frauenpfoten ist das eher nichts.

Mehl
Ich persönlich bin kein Weizenfan und habe Dinkelmehl für mich entdeckt. Bisher kamen noch keine Beschwerden, daher kann ich hier einfach mal behaupten, es tut der Sache keinen Abbruch. Vollkornmehl gibt vielen Rezepten den nötigen Biss, kann aber natürlich auch durch handelsübliches Weizenmehl ersetzt werden.

Je nach Mehlsorte und Typ kann es bei schlechter „Rührung" zu Klümpchen kommen. Dem beugen Sie vor, indem Sie das Mehl vorher sieben. Um ehrlich zu sein, ich habe Mehl noch nie gesiebt, ich bin aber auch kein Klümpchentyp. Falls Sie einer sind, wissen Sie nun, was zu tun ist.

Apropos Type: Die Zahl dahinter sagt etwas über den Mineralstoffgehalt bzw. Aschegehalt im Mehl aus. Ich als Otto-Normalverbraucherin muss gestehen, dass ich keinen riesengroßen Unterschied zwischen den Typen feststellen konnte. Empfehlenswert ist aber immer ein feineres Mehl vom Typ 405 (in Österreich W480), da es sich am besten für Kuchen und Gebäck eignet.

Einige Rezepte hier im Buch enthalten kein Gluten (die Eiweißverbindung im Korn, welches alles zusammenkleben lässt), stattdessen wird mit Ei oder anderen Zutaten geklebt.

Mengenangaben
Die Zutaten sind meist für 12 Stück (normale Kuchengröße) oder 4 Personen berechnet, doch in meinen Rezepten gibt es auch Ausnahmen, das steht dann aber immer dabei. Ich habe versucht, bei vielen Zutaten darauf zu achten, dass Packungen ganz aufgebraucht werden können. Manchmal geht das aber leider nicht. Sie finden jedoch immer wieder Hinweise, wie Sie die Reste ebenfalls loswerden. Oft handelt es sich um Lebensmittel, die man sowieso oft braucht, oder um welche, die länger haltbar sind. Viele Rezepte entstehen bei mir jedoch auch dadurch, dass ich erst mal schaue, was ich noch so vorrätig habe, und dann alles Mögliche zusammenwerfe.

Messer
Ich arbeite am liebsten mit einem schweren großen Allzweckmesser. Dieses eignet sich toll zum Zerhacken, Verstreichen oder aber auch Durchschneiden von Schoko- und Cremetorten. Insbesondere dabei ist es mir wichtig, dass das Messer eine glatte, keine geriffelte Klinge hat. Halten Sie das Messer vor Gebrauch unter heißes Wasser, wischen es kurz trocken und schneiden dann eine glatte saubere Linie in den Kuchen.

Bei Sandkuchen eignet sich ein Brotmesser meist besser. Setzen Sie an einer Kante an und ziehen das Messer durch den Kuchen. Nicht drücken, das gibt Krümel und zerstört die Form.

Milch
Eine Allergie gegen Kuhmilch oder zumindest eine Laktoseunverträglichkeit ist heutzutage nichts Ungewöhnliches. Einige Rezepte hier sind komplett milchfrei. Aber auch alle anderen lassen sich prima mit Sojamilch ersetzen. Wenn Sie selbst betroffen sind, wissen Sie sowieso am besten, was Ihnen am besten bekommt. Toll finde ich auch mal Hafer- oder Mandelmilch zum Backen zu verwenden. Mit Reismilch habe ich wenig Erfahrung. Ich könnte mir vorstellen, dass sie den Teig eher erschwert, da Reis in vielen glutenfreien Backwaren neben Mais als „Klebstoff" verwendet wird. Ich kann mich aber auch irren, und das Klebeeiweiß ist in der Milch gar nicht enthalten.

Das süße Leben hat viele Seiten. Auf Seite 14 lesen Sie zum Beispiel, wie bunt die Welt des Zuckers ist!

Mürbeteig
Wenn Sie das Buch aufmerksam lesen, wird Ihnen auffallen, dass ich unterschiedliche Mürbeteigrezepte verwende. Das hat damit zu tun, dass zu jeder Tarte eine andere Konsistenz an Keksboden passend ist. Mal muss der Boden fester sein (mit Ei), mal darf er knusprig oder nussig sein, mal süßer, mal herb.

Nüsse
Bitte rösten Sie Nüsse stets an, denn erst dadurch kann sich ihr Aroma richtig gut entfalten. Am einfachsten geht das auf einem Backblech bei 100 Grad für etwa 15 Minuten oder für ein paar Minuten ohne Fett in einer beschichteten Pfanne.

Rühren
Gut gerührt, ist halb gewonnen – das war eines der ersten Dinge, die ich übers Backen gelernt habe. Inzwischen weiß ich, dass das natürlich nicht für alle Teigkomponenten und schon lange nicht für alle Teigsorten gilt. Was Sie unbedenklich wegen mir auch stundenlang miteinander vermischen können, sind trockene und „nasse" Zutaten untereinander. Erst, wenn Sie beides vermengen, gibt es Auflagen. Die stehen aber in den jeweiligen Rezepten dabei.

Sahne
Sahne muss natürlich steif geschlagen werden, wenn man sie zum Kuchen isst, aber Vorsicht: Schlagen Sie nicht zu lang, sonst wird die Sahne zu Butter und damit bröckelig!

Möchte man geschlagene Sahne unter eine Masse heben, um diese fluffiger zu gestalten, schlagen Sie sie nicht ganz steif, denn eine „halbsteife" Sahne verbindet sich besser mit den anderen Zutaten.

Schneebesen
Mit einem Schneebesen kann man prima Eischnee unter eine Masse heben oder Zutaten klümpchenfrei miteinander verrühren. Ich habe den Besen in mehreren Größen, damit ich nach Lust und Laune quirlen kann.

Schokolade
Schokolade schmilzt man am besten über einem heißen Wasserbad. Das heiße Wasser sollte die Schüssel mit der Schokolade nicht direkt berühren. Insbesondere weiße Schokolade gerinnt schnell, also hier besonders sensibel mit den Temperaturen umgehen.

Viele Rezepte in diesem Buch erlauben es, die Schokolade auch direkt in Milch oder Sahne auf dem Herd zu schmelzen. Bleiben Sie jedoch bei diesem Vorgang stets dabei und vergessen Sie das Rühren nicht.

Sogenannte „Nasen" bei Kuvertüren verhindert man, indem man die geschmolzene Kuvertüre auf Raumtemperatur abkühlen lässt. Keine Sorge, so schnell wird Schokolade nicht wieder fest, aber sie verläuft einfach nicht mehr so stark, und Sie bekommen ein sauberes Ergebnis.

Spritzbeutel
Der Spritzbeutel ist eines der am meisten unterschätzten Küchengeräte. Aber die Anschaffung lohnt sich. Denn alleine schon geschlagene Sahne sieht wesentlich hübscher aus, wenn man sie durch Beutel und Lochtülle jagt, anstatt sie lieblos auf den Kuchen zu klatschen.

Ich bevorzuge den Spritzbeutel aus gummiertem Stoff, da sich hier besser die Luft aus den Cremes herausdrücken lässt. Das geht in den steifen Plastikspritzen nicht so gut. Improvisieren können Sie mit einem Gefrierbeutel, den Sie befüllen und an einer Ecke einschneiden.

Spüle
Wenn Sie nicht gerade über eine 30-Quadratmeter-Wohnküche mit ausreichend Stellplatz verfügen, kann man die Spüle prima als Platzhalter nutzen, um dreckige Schüsseln und andere Utensilien abzulegen. So vermeiden Sie größere Unordnung im geordneten Küchenchaos.

Süß
Viele meiner Rezepte schmecken nicht pappsüß. Der Geschmack der unterschiedlichen Komponenten soll im Vordergrund stehen, nicht der Zucker. Das ist mir ganz besonders wichtig, und ich merke immer wieder am Feedback, dass gerade das sehr gut ankommt.

Insbesondere die Cupcakes oder Kuchen mit Topping wirken als „Gesamtkonzept". Daher wundern Sie sich nicht, wenn der Teig alleine vielleicht erst einmal zu wenig süß erscheint: Die Mischung macht's.

Süßstoff
Ja, ich gebe es zu. Ich habe auch darüber nachgedacht, einen Kuchen mit Süßstoff bzw. Stevia in dieses Buch zu schreiben. Aber: Erstens macht derartiger Zuckerersatz auf Dauer auch dick, weil der Körper komplett durcheinander kommt, ob er nun Kalorien sparen muss oder nicht, und zweitens bleiben Süßspeisen für mich immer etwas Besonderes. Naschen hat nichts mit Alltag zu tun. Ein Kuchen ist ein Highlight, und das soll er auch immer bleiben. Ehrlich, köstlich, lecker – ohne Kalorienzählerei.

Teigschaber
Oder auch Kinderschreck, wie ich ihn gern nenne. Denn so ein Schaber macht eine Schüssel so sauber, dass kein Teig mehr zum Naschen bleibt. Trotzdem ist er ein prima Küchenhelfer zum Unterheben von luftigen unter schwere Zutaten, zum Dekorieren und natürlich zum Glattstreichen.

Temperatur
Am besten lassen sich Lebensmittel zu einem Rührteig verarbeiten, wenn sie alle dieselbe Temperatur haben. Daher nehme ich etwa 1 Stunde vor Beginn der Backerei Eier und Butter aus dem Kühlschrank. Beim Mürbeteig ist es jedoch wichtig, dass die Butter kalt ist. Daher sollte sie erst direkt zur Verarbeitung aus der Kälte genommen werden.

Torten-Trennungsdraht
Wenn Sie zum Kuchenteilen keinen professionellen „Trennungsdraht" besitzen – habe ich auch nicht – tut es auch ein Stück Draht aus dem Bastelshop. Etwa 80 cm genügen, so können Sie den Draht gut an beiden Enden greifen und den Kuchen sauber teilen.

Vanillepulver
Ich bin ein großer Vanillefan. Durch die Verwendung wirkt ein Gericht süßer, und man spart zusätzlichen Zucker. Daher habe ich anfangs immer reichlich Mark verwendet. Das meiste Aroma sitzt jedoch nicht in den kleinen schwarzen Kügelchen, sondern in der Schote. Inzwischen kann man gemahlene Vanille kaufen. Und die ist der Wahnsinn. Hier wurden nämlich die Schoten mitgemahlen. Ein kleines Gläschen kostet auf den ersten Blick vielleicht viel Geld, aber es hält ewig, und somit spart man auf lange Sicht betrachtet jede Menge Kohle.

Vanillezucker
Die beste Art, leere Vanilleschoten zu recyceln, ist es, Vanillezucker selbst herzustellen. Besorgen Sie sich eine gut verschließbare Dose und füllen Sie diese mit normalem Zucker. In den Zucker stecken Sie nun die leeren Schoten. Bereits nach einem Tag ist das Aroma gut durchgezogen.

Wer keinen Vanillezucker zur Hand hat, nimmt normalen Zucker und ersetzt je nach Rezept 30 Gramm oder 1 Esslöffel davon mit 1 Päckchen Bourbon-Vanillezucker.

Vorbereitung
Wenn Ihnen die Küche eher fremd vorkommt und Sie eine Wegbeschreibung dorthin in Ihrer eigenen Wohnung benötigen, dann sind Sie sicher Backanfänger. In diesem Fall hilft es, wenn Sie sich vor dem Start alle Zutaten und Utensilien zurechtlegen. Dann müssen Sie während der Backerei nicht immer unterbrechen, weil Sie etwas suchen.

Zahnstochertest
Diesen Test kennen Sie vielleicht schon aus Ihrer Kindheit, denn er ist im Grunde uralt. Mit Hilfe eines Holzstäbchens (Zahnstocher oder Schaschlikspieß) können Sie testen, ob das Backwerk schon gar ist. Stechen Sie damit senkrecht in die Mitte des Kuchens und ziehen Sie das Stäbchen wieder heraus. Bleibt Teig dran kleben, muss der Kuchen zurück in den Ofen. Bleibt nichts zurück, außer ein paar Krümelchen, heißt es: raus aus der Hitze! Können Sie das Stäbchen nicht mehr in den Kuchen stecken, ist er wahrscheinlich schon verkohlt ... ☺

Zerkleinern
Zum Häckseln, Raspeln und Kleinmachen gibt es so einiges auf dem Markt. Eine normale Gemüseraspel eignet sich am besten, wenn Sie Zitronen- bzw. Limettenschalenabrieb herstellen wollen. Am besten geht das, wenn Sie vorher Backpapier auf die scharfen Zinken drücken. Rote Bete, Pastinaken oder Möhren bekommen Sie sowohl im manuellen als auch im strombetriebenen Zerkleinerer gut in den Griff. Am besten ist es, wenn man sich ein gutes Multifunktionsteil zulegt und die Klingen immer per Hand reinigt, da sie in der Spüle schneller stumpf werden.

Kekse kriegen Sie auch ohne den Zukauf von Küchengeräten klein. Einfach die gewünschte Menge in einen Gefrierbeutel geben, Küchenhandtuch drüber und mit einem schweren Gegenstand wie Nudelholz draufklopfen.

Zucker
Viele verwenden nur den handelsüblichen Haushaltszucker aus Rüben. Ich nutze gerne die unterschiedlichen Geschmacksrichtungen anderer Zuckersorten:

- Haushaltszucker besteht wie gesagt aus Rüben und durchläuft mehrere Reinigungsstufen, wird gebleicht und erhitzt, um schließlich die kristalline reine Form zu erreichen. Ich persönlich finde, er schmeckt immer etwas blechern, daher ziehe ich diesen vor:

- Rohrohrzucker hat meiner Meinung nach den geringsten Beigeschmack und eignet sich als neutrales Süßungsmittel.

- Vollrohrzucker hat wesentlich weniger Verarbeitungsprozesse hinter sich und begeistert mich durch seinen leicht karamelligen Geschmack. Er lässt sich am ehesten mit dem braunen Rübenzucker vergleichen. Jedoch ist seine Konsistenz wesentlich feiner.

- Puderzucker eignet sich durch seine pulverige Konsistenz sehr gut für Frostings. Er muss nicht minutenlang verrührt werden, da die Kristalle wesentlich kleiner sind und sich dadurch schneller auflösen. Ich verwende ihn außerdem gerne, wenn ich Obststücke schnell in einer Pfanne karamellisieren möchte, da er sich auch hier natürlich schneller auflöst.

- Fruchtzucker, z. B. geschmacksneutraler Agavendicksaft, wird wie Sirup oder Läuterzucker verwendet, d. h. Zucker in flüssiger Form. Er ist wesentlich süßer als normaler Zucker derselben Menge, aber – obwohl „Frucht" im Wort enthalten ist – auch nur ein Süßungsmittel, das wie normaler Zucker in Maßen genossen werden sollte.

- Honig ist für mich immer noch etwas ganz Besonderes, wenn man überlegt, wer den herstellt. ☺ Er verleiht dem Gebäck natürlich einen ganz eigenen, besonderen Honig-Geschmack, mal stärker wie im herben Waldhonig, mal lieblich süß wie beim Blütenhonig.

> *Was das Thema Dekoration angeht, kann ich nur immer wieder sagen: Hauen Sie rein! Rocken Sie das Boot! Klotzen, nicht kleckern!*

Pimp my cake!

Das Tolle an all den Liebesperlen, Schokolinsen, Raspeln, Farben, Zuckerstreuseln und Marzipanschweinchen ist – sie halten ewig! Ich besitze einen riesengroßen Korb voller essbarer Deko-Artikel. Kandierte Blumen, Herzchen aus heller und dunkler Schoki, Perlchen in Gold, Lebensmittelfarben, acht unterschiedliche Zuckersorten, aromatisiert, pur, kandiert, karamellisiert, Sirup und und und.

Um ehrlich zu sein, für meine Kuchen habe ich mehr Schminkzeug parat als für mein Gesicht. Deutsche Zurückhaltung hat hier nichts zu suchen. Da können wir von unseren bunten Nachbarländern noch einiges lernen. Und trotzdem: Der gute Geschmack ist dann wieder auf unserer Seite. Schließlich gibt es mehr Möglichkeiten, als schnöder pappsüßer Fondant, sorry Groß Britannia!

Der Fantasie sind hier keine Grenzen gesetzt. Natürlich können Sie inzwischen in gut sortierten Supermärkten wunderbare Figürchen aus Zucker oder Marzipan kaufen. Selber machen geht aber auch. Nur eines ist verboten: sparsam sein! Mehr ist hier meistens einfach mehr.

Lassen Sie alle Hemmungen fallen, verstoßen Sie gegen sämtliche Regeln der Synchronität, fassen Sie an, greifen Sie rein in den Pott voller süßer, bunter, dekadenter Köstlichkeiten! Alles ist erlaubt! Kreieren Sie Tierchen aus Obst, erzählen Sie Geschichten aus Schokoguss, falten Sie Schleifchen aus Marzipan, drapieren Sie Bänder aus Karamell, lassen Sie die Gummibärchen auf der Sahne tanzen und streuseln Sie die Waffeln und die Zuckerschnecken.

Bunter Zucker

Grün: Sie können Zucker mit etwas Melisse oder Minze grün einfärben. Geben Sie dazu einige Kräuterblätter in einen elektrischen Zerkleinerer oder den Mörser, bedecken Sie alle Blätter mit 3 bis 4 Esslöffel Zucker und zerhäckseln Sie alles so lange, bis sich die grüne Farbe des ätherischen Öls um die Kristalle gelegt hat. Dann streuen Sie den Zucker über das entsprechende Gebäck.

Gelb/Orange: Diese Färbung erhalten Sie durch die Zugabe von den Blütenblättern der Ringel- oder der Sonnenblume. Das Herstellungsverfahren ist das Gleiche wie bei grünem Zucker.

Rot/Pink: Rosenblätter schmecken natürlich sehr blumig, verleihen dadurch dem Gebäck aber auch eine ganz spezielle, edle Note. Farbintensiv wird der Zucker, wenn Sie zusätzlich zu den roten Rosenblättern noch ein paar Raspel Roter Bete zum Zucker geben.

Lila: Sowohl Lavendel als auch Veilchen sind geschmacklich sehr intensiv. Daher wirklich sparsam damit umgehen und eher als Aromazutat verwenden und nicht als Farbtupfer!

Essbare Blüten

Blumen machen nicht nur in der Vase was her, sondern auch auf dem Kuchen. Man kann natürlich viel Geld ausgeben und kandierte Blüten kaufen. Ein sommerlicher Kuchen lässt sich aber auch sehr günstig mit Blüten aus dem Kühlregal oder aus dem eigenen oder Nachbars Garten (nur mit Absprache natürlich!) dekorieren.

Frostings

Diese essbare Mütze ist eine tolle Variante, etwas eindrucksvoll aussehen zu lassen. Die Basis dafür ist Zucker. Das kann Marmelade sein, die dem Ganzen einen lackierten Look verleiht, Eischnee mit Puderzucker, Fruchtsirup, Schokolade oder ein Milchprodukt wie Sahne oder Frischkäse.

Seien Sie kreativ: Schneiden Sie Obst nicht nur in Stückchen. Viele Früchte lassen sich zu Kügelchen formen, in hauchdünne Scheibchen schneiden oder mit Schokolade umhüllen.

Der Fantasie sind keine Grenzen gesetzt, hier kann man sich richtig austoben, und ich liebe sowas. Vergessen Sie aber nicht, dass ein solches Topping das Gebäck immer süßer macht. Das heißt, wenn Sie einen extrasüßen Deckel planen, sparen Sie im Topf an dieser Komponente.

- Sie können das Frosting mit einem Löffel auf den Kuchen klecksen. Das sieht besonders üppig und lässig aus.
- Immer hilfreich ist ein Spritzbeutel. Glatte Lochtüllen machen feinere Kringel oder Gitter. Sterntüllen eignen sich für kleine Röschen, aber nur die richtig großen Sterntüllen machen eine eindrucksvolle Haube.
- Eine weitere Möglichkeit ist es, das Frosting wie einen Deckel mit dem Messer auf den Kuchen zu „montieren".

Glas

Bei Kuchen im Glas „arbeiten" Sie bitte stets von innen nach außen, damit die Schichten gut sichtbar und ordentlich aussehen und nichts an der Glaswand verschmiert.

Kaufbares

Bestens geeignet sind, neben den ganzen Sachen aus dem Dekoregal, auch dünne Schokotäfelchen mit und ohne Füllung (die mit Füllung lassen sich prima mit einem erwärmten Messer diagonal durchschneiden), Schokolinsen, Gummitierchen, Kokosraspel, Keksröllchen, halbierte Pralinen, Keks-Sticks, kandierte oder schokolierte Nüsse und und und.

Lebensmittelfarbe

Teig, Zucker, Marzipan oder helle Schokolade einzufärben macht ordentlich was her! Kaufen Sie, wenn möglich, Lebensmittelfarbe in Gelform. Die ist wesentlich intensiver als flüssige, das heißt, Sie brauchen zum Eindicken der Frostings keinen zusätzlichen Zucker mehr.

Marzipan

Aus Marzipan kann man auch ohne großes Geschick eine tolle individuelle Deko herstellen, indem man die Masse (Rohmasse plus Puderzucker plus Lebensmittelfarbe) etwa einen halben Zentimeter ausrollt und mit Mini-Motiv-Ausstechern in Form bringt. Bastel- und Knetköniginnen dürfen daraus gerne auch ganze Zoos herstellen oder Großstädte nachbauen.

Netz aus Schokolade oder Marmelade

Das stellen Sie mit zwei unterschiedlichen Sorten Schokolade, Marmelade oder Milchprodukten oder Zuckerguss her. Wählen Sie als Basis die hellere Komponente, z. B. weiße Schokolade, Mascarponecreme oder Sahne, und geben Sie diese auf den gewünschten Tortendeckel. Die dunklere Komponente, z. B.

- dunkle Schokolade, schmelzen Sie mit etwas Kokosfett,
- Zuckerguss oder Konfitüre verdünnen Sie mit etwas Alkohol oder Wasser

und gießen sie mit einem Esslöffel spiralförmig auf den hellen Deckel. Dann ziehen Sie mit einem Holzstäbchen oder dem Stiel einer Gabel Linien, ausgehend von der Mitte nach außen, sodass eine Art Netz entsteht.

Obst

Schneiden Sie das Obst nicht immer nur in Stückchen. Viele Früchte lassen sich:

- mit einem Melonenausstecher zu Kügelchen formen, z. B. Papaya, Melonen, Äpfel, Birnen,

- mit dem Gurkenhobel in hauchdünne Scheibchen schneiden, z. B. Mango, Erdbeeren, Karambole,
- mit dem Spar- oder Spargelschäler in dünne lange Nudeln verwandeln, z. B. Papaya, Äpfel.
- Oder Sie schneiden die Frucht nicht ganz durch, sondern lassen etwas Platz übrig und ziehen dann alles fächerförmig auseinander, z. B. Kernobst, Erdbeeren.
- Runde Fruchtscheiben, z. B. aus Kiwis oder Bananen lassen sich prima in Schmetterlinge verwandeln, indem man sie in der Mitte teilt und umdreht ...

Kiwis und Ananas sind in der Verarbeitung etwas eigen: Sie werden zusammen mit Milchprodukten leicht bitter und greifen die Gelatine an. Wenn Sie also eine solche Verbindung eingehen, dann sollte das Törtchen schnell vernascht werden.

Schokolade
Raspel, klein: Um kleine Raspel herzustellen, verwenden Sie einfach einen Gurkenhobel oder eine Käsereibe. Beides natürlich blitzsauber.

Raspel, groß: Dazu schmelzen Sie 100 Gramm Schokolade über dem heißen Wasserbad. Geben Sie 1 bis 2 Esslöffel Kokosfett dazu, das macht das Ganze etwas geschmeidiger. Ist die Schokolade flüssig, streichen Sie alles glatt und gleichmäßig auf ein Backpapier und lassen Sie sie abkühlen. Wenn alles erstarrt ist, gehen Sie mit leichtem Druck vorsichtig mit einem Metall- oder festen Plastikschaber (die sehen aus wie Spachtel aus dem Baumarkt, jene kann man übrigens auch verwenden, aber nur die unbenutzten!) darüber. Dadurch entstehen wunderschöne breite Röllchen oder – je nach Konsistenz der Schokolade – auch Wellen, die sich prima auf einer Torte machen.

Schoko-Deko, ganz einfach: Die einfachste Schok-Deko gelingt aus dem Handgelenk. Schmelzen Sie dafür Schokolade mit Kokosfett oder Sahne (Verhältnis 4 Teile Schoko: 1 Teil Fett) und schwenken Sie sie dann esslöffelweise über den zu dekorierenden Kuchen. Führen Sie die „Fäden" entweder nur hin und her oder auch kreuz und quer. Beides sieht gut aus. Je feiner die Linien, desto schicker.

Schokolade schmelzen: Schokolade ist genauso sensibel wie wir Frauen. Vielleicht mögen wir sie deshalb so gerne. Am besten schmilzt man sie über dem heißen Wasserbad. Wobei die obere Schüssel das heiße Wasser nicht berühren sollte. Dunkle Schokolade kann sonst beim Trocknen grau oder stumpf werden, weiße Schoki gerinnt schnell. Etwas Geübtere können die klein gehackte Schokolade in einer beschichteten Pfanne schmelzen. Verrühren Sie während des Schmelzvorgangs die Masse mit einem Holz- oder Silikonlöffel. Bleiben Sie bitte immer in Sichtweite des Herdes, damit nichts anbrennt.
Let it glow: Besonders glänzend wird Schokoladenkuvertüre, wenn man sie mit einem Schuss süßer Sahne verrührt. Wichtig ist, dass Sie sich an die Temperaturregel halten. Wenn beide Komponenten vermischt werden, sollten sie die gleiche Temperatur haben.

Schokolieren lässt sich so gut wie alles, was eine einigermaßen trockene Oberfläche hat. Bei Früchten finde ich es sehr schön, wenn die Frucht nur einen abgeschrägten Schoko-Sockel bekommt.

einfach OFENLOS

Das ist mein absolutes Lieblingskapitel! Herausforderungen sind meine große Leidenschaft. Frei nach dem Motto: Wer ohne Sport-BH zum Joggen geht, muss die Brüste eben selbst festhalten. Eindruck in doppelter Hinsicht schinden Sie mit diesen „kalten" Rezepten, denn sie sind sowohl als Kuchen als auch Dessert ein Gedicht.

Dies ist eines meiner liebsten „Ich-werfe-alles-in-ein-Glas-ohne-groß-nachzuden-ken-Desserts". Es hat mir schon so manchen Abschluss eines Kochevents gerettet. Eigentlich fällt das Rezept nach Verfügbarkeit von Obst, Keksen und Milchprodukt stets etwas anders aus, aber die Grundidee ist immer die gleiche.

Schicht im Schacht

Zutaten für 6 Portionen

Teig
60 g Butter
150 g Shortbread-Kekse
1 Prise Salz

Creme
400 g Joghurt
4 EL Akazienhonig
300–400 g (1 Packung) Tiefkühlfrüchte, unaufgetaut, z. B. Waldbeeren, Blaubeeren oder Brombeeren
250 g süße Sahne
4 EL Vanillezucker (s. Seite 14)

Deko
2 Nusskrokantriegel, z. B. Mr.Tom-Riegel, Sesamkrokant, etc.

Zubereitungszeit: 40 Minuten
Kühlzeit: mind. 30 Minuten

1. Butter in einem Topf schmelzen. Die Shortbread-Kekse zerkrümeln, am besten geht das mit einer Küchenmaschine oder einem Mörser. Anschließend die Kekskrümel mit der flüssigen Butter und dem Salz zu einem Teig verkneten. Den Boden einer Glasschüssel mit dem Teig gut auskleiden und das Ganze zum Festwerden in den Kühlschrank stellen.

2. Die Hälfte des Joghurts mit dem Honig verrühren und die Mischung auf dem kühlen Keksboden verteilen.

3. Nun eine Schicht gefrorene Früchte darauflegen.

4. Die Sahne steif schlagen und den Vanillezucker dazugeben. Den restlichen Joghurt unterheben, die Masse in einen Spritzbeutel füllen und eine dekorative Cremeschicht auf die Früchte tupfen.

5. Der Kuchen kann entweder sofort „halbgefroren" verzehrt werden oder bis zum nächsten Tag im Kühlschrank durchziehen. Auf jeden Fall erst kurz vor dem Servieren die Nussriegel in grobe Stücke hacken und darüberstreuen.

TIPP: Ich serviere das Ganze entweder in einer großen Glasschüssel oder auf 6 Gläser verteilt. Sie können den Kuchen natürlich auch in einer kleinen Springform (Durchmesser 18 cm) zubereiten. Dann verwenden Sie bitte mindestens 1/2 Packung Gelatine, die Sie gut unter den Joghurt rühren, bevor Sie die Sahne unterheben. Stellen Sie das ganze für 2–3 Stunden in den Kühlschrank, dann können Sie den Tortenring entfernen.

Rezept auf Seite 18 abgebildet.

„Die Inspiration zu der Torte habe ich in einem Restaurant in Hout Bay in Südafrika bekommen. Dort lief ein Käsekuchen (an der Hand einer Kellnerin) an mir vorbei. Den musste ich probieren! Leider war die Optik vielversprechender als der Geschmack. Aber der Boden war sagenhaft köstlich: mit Kokosraspeln. Den musste ich direkt zu Hause nachmachen. Und weil der Amarula-Cremelikör eines der Nationalgetränke Südafrikas ist, finde ich die Creme mehr als passend."

Birne Helene auf südafrikanisch

Zutaten für 12 Stück

Tortenboden
75 g Butter
50 g Kokosraspel
50 g Butterkekse
50 g brauner Kandiszucker, gemahlen

Creme
300 g Vanille- oder Kokosjoghurt (2 Becher)
125 ml Amarula-Cremelikör
100 g Puderzucker
6 Blatt Gelatine
200 g süße Sahne (1 Becher)
1 Dose Birnen (Abtropfgewicht 460 g)

Deko
50 g dunkle Schokoraspel
30 g Kokosraspel

Zubereitungszeit: ca. 70 Minuten
Kühlzeit: mind. 3 Stunden

1. Die Butter in einem Topf schmelzen. Die Kokosraspel (für Teig und Deko) zusammen etwa 5 Minuten in einer Pfanne ohne Fett rösten, bis sie lecker duften. Dann 30 Gramm für die Deko abwiegen und beiseitestellen. Kekse im Mixer fein zerkrümeln, mit den Kokosraspel und Zucker vermischen. Die Butter dazugeben und zu einem Teig verkneten. Diesen in eine mit Backpapier ausgelegte Springform geben, Keksboden flach andrücken und ab damit in den Kühlschrank!

2. Während der Keksboden fest wird, die Creme zubereiten: Joghurt mit Amarula-Cremelikör (bis auf 3 Esslöffel) und Puderzucker verrühren. Gelatine nach Packungsanweisung in kaltem Wasser auflösen. Den Rest des Likörs unter die Gelatine rühren, zur Joghurtcreme geben und etwa 2 Minuten verrühren. Dann kalt stellen, bis die Creme zu gelieren beginnt. Die Sahne nicht ganz steif schlagen und unterheben.

3. Den Keksboden aus dem Kühlschrank nehmen und testen, ob er schon fest ist. Die Dosenbirnen gut abtropfen lassen und sternförmig – die schmale Seite nach innen, die dicke nach außen – auf den Keksboden legen. Die Joghurtcreme vorsichtig darüberstreichen und den Kuchen für 3 Stunden kalt stellen. Dann ein großes Messer unter heißes Wasser halten und dicht am Springformrand entlang führen, um den Kuchen zu lösen. Den Springformring vorsichtig öffnen und den fertigen Kuchen auf eine Tortenplatte setzen.

4. Die Hälfte der Schokoraspel am Tortenrand verteilen. Dies geht leichter, wenn die Torte erhöht steht und sich drehen lässt, zum Beispiel auf einem Tortenständer oder einem umgedrehten Topf. Auf dem „Deckel" die (dunklen) Schokoladenraspel von innen nach außen sternförmig und die restlichen (hellen) Kokosraspel vom Rand her nach innen verteilen.

TIPP: Mit Amarula erhält die Creme eine ganz spezielle Note, die durch den leicht säuerlichen Geschmack des Joghurts unterstützt wird. Sie können die Torte aber auch mit Kaffee- oder Schokolikör zubereiten – auch sehr lecker!

Diese Tarte ist was für Fortgeschrittene. Nicht, was das Backen angeht. Die Herstellung ist kinderleicht. Aber die Zusammenstellung ist einfach etwas ungewöhnlich und klingt nach Schwangerschaftsgelüsten. Aber glauben Sie mir, ich war nicht schwanger, als ich diese Kombination ausprobiert habe.

Schwangere Brezel

Zutaten für 12 Törtchen oder eine kleine Torte

Teig
120 g Butter
200 g Salzbrezeln

Füllung
ca. 200 g (½ Dose) gezuckerte Kondensmilch
80 g Butter
3 EL Puderzucker

Deko
100–150 g Kuvertüre (je nach Geschmack dunkle oder Vollmilch)

Zubereitungszeit: 40 Minuten
Kühlzeit: mind. 15 Minuten

1. Die Butter in einem Topf schmelzen. 12 Salzbrezeln zur Seite legen und den Rest im Mixer oder Mörser zerkrümeln. Dann die flüssige Butter über die Brezelkrümel gießen und alles zu einem Teig verkneten.

2. Muffin- oder Soufflé-Förmchen (Durchmesser 5–8 cm) oder – falls es eine Torte werden soll – eine kleine Springform (Durchmesser 18 cm) mit Frischhaltefolie auskleiden. **Tipp:** Förmchen mit geriffeltem Rand benötigen etwas mehr Fingerspitzengefühl beim Herausnehmen der fertigen Törtchen – einfacher ist es, wenn man Förmchen mit glattem Rand verwendet. Den Teig in 12 Portionen teilen, in die vorbereiteten Förmchen geben und gleichmäßig festdrücken. Dabei einen kleinen, zirka 1 Zentimeter hohen Rand lassen. Die Formen für 5 bis 10 Minuten kalt stellen.

3. Für die Toffee-Füllung die Kondensmilch zusammen mit der Butter und dem Puderzucker unter ständigem Rühren erhitzen. Alles aufkochen lassen, bis sich die Farbe langsam verändert und die Creme dickflüssiger wird – das dauert 5 bis 10 Minuten. Anschließend den Topf vom Herd nehmen, Creme etwas abkühlen lassen und auf die Teigböden verteilen. Das Ganze wieder kühl stellen.

4. Zum Schluss die Kuvertüre mit einem großen Messer in Stücke hacken, über einem Wasserbad schmelzen und etwas abkühlen lassen. Dann die erkalteten Küchlein damit bedecken und mit jeweils einem Brezelchen dekorieren.

5. Die Törtchen am besten bis zum Verzehr im Kühlschrank aufbewahren.

TIPP: Wer es noch schokoladiger mag, nimmt für die Böden statt Butter einfach Nuss-Nougat-Creme. Diese wird ebenfalls erhitzt und anschließend mit den Brezelkrümeln vermischt.

Pseudarisu

Hier geht ein süßer Italiener fremd!

Der Beere steiniger Weg

Die fruchtigste WG Deutschlands!

> *Dieser Nachtisch ist wie ein Wonderbra – er täuscht im Grunde etwas vor, was gar nicht da ist. Der Unterschied zum Wäscheteil ist jedoch, dass er dennoch extrem lecker schmeckt, auch, wenn der Bluff enttarnt wurde.*

Pseudarisu

Zutaten für 6 Portionen

Schicht 1 und 4
1–2 Packungen Löffelbiskuits

Schicht 2 und 5
8–10 EL Kaffeelikör (alternativ: Amaretto oder Rumtopf)

Schicht 3
1 Päckchen Vanillepudding
500 ml Milch
50 g Zucker

Schicht 6
1 Päckchen Schokoladenpudding
500 ml Milch
50 g Zucker

Deko
200 g süße Sahne (1 Becher)
1–2 EL ungesüßtes Kakaopulver

Zubereitungszeit: 60 Minuten
Kühlzeit: 40 Minuten

1. Am schönsten sieht der Pseudarisu in einer Glasschüssel aus, da man so die verschiedenen Schichten erkennen kann. Man kann natürlich auch jede andere Form verwenden.

2. Zunächst eine Lage Löffelbiskuits auf dem Schüsselboden verteilen, bis der Boden komplett bedeckt ist. Was nicht passt, wird passend gemacht. Also ruhig ein paar Biskuits mit einem scharfen Messer auseinanderschneiden.

3. Die Hälfte des Likörs vorsichtig über die erste Biskuitschicht träufeln. Vanille- und Schokoladenpudding, wie auf der Packung beschrieben, mit Milch und Zucker zubereiten.

4. Vanillepudding-Schicht vorsichtig und gleichmäßig über den Keksboden verteilen. Dann wieder eine Lage Löffelbiskuits auf den Vanillepudding geben und mit Likör beträufeln.

5. Für die sechste Schicht nun den Schokopudding über die Löffelbiskuits geben. Das Schichtwerk im Kühlschrank abkühlen lassen.

6. Ist der Pudding kalt, die Sahne steif schlagen. Für eine schicke Optik die Sahne in einen Spritzbeutel geben und nebeneinander kleine Sahneröschen auf das Dessert tupfen. Wem das zu lange dauert, der kann die Sahne auch einfach mit einem Teigschaber glatt oder in Wellen auftragen.

7. Zum Schluss das Dessert mit etwas Kakaopulver bestäuben. Dazu stellt man das Pseudarisu auf ein Küchentuch und siebt den Kakao mit Hilfe eines kleinen Küchen- oder Teesiebes darüber.

TIPP: Wenn Kinder mitessen, können Sie auch etwas Kirsch- oder Himbeersirup ohne Alkohol statt Likör verwenden. Für die volle Ladung Alk empfehle ich Rumtopf mit ganzen Früchten. Aber danach bitte nicht mehr Auto fahren!

Namensgebung ist manchmal etwas schwierig. Da ich diesen Trifle nicht Chantal oder Kevin nennen wollte, denn da wären die Erfolgschancen wesentlich geringer, habe ich mich auf den Inhalt konzentriert. Eine Mischung aus amerikanischem Rocky-Road-Konfekt und englischem Trifle.

Der Beere steiniger Weg

Zutaten für 6 Portionen

Schicht 1 und 5
1 Packung Biskuitböden (am besten Biskuits mit Durchmesser 18 cm) oder Pancakes
4 EL Birnenbrand

Schicht 2 und 6
1 kleine Dose Birnen (Abtropfgewicht 230 g)
1 große Birne (ideal: Abate Fetel)

Schicht 3
200 g rote Johannisbeeren
50 g Mini-Marshmallows

Schicht 4
100 g Schokolade (weiße Crisp)
125 g Crème fraîche (1 Becher)

Deko
50 g Mandelblättchen
1 EL Vanillezucker (s. Seite 14)
200 g süße Sahne (1 Becher)

Zubereitungszeit: ca. 25 Minuten

1. Einen der Biskuitböden oder zwei Pancakes in eine große runde Glasschüssel (Durchmesser 18 cm) legen und mit 2 Esslöffel Birnenbrand beträufeln.

2. Die Dosenbirnen abtropfen lassen, den Saft dabei auffangen. Die Früchte mit dem Pürierstab pürieren und je nach Konsistenz etwas vom Saft dazugeben. Die Birne waschen, schälen und vom Kernhaus befreien. Das Fruchtfleisch in kleine Würfelchen schneiden und mit dem Birnenpüree mischen. Die Hälfte davon auf dem Biskuitboden verteilen.

3. Nun die Beeren gut waschen und trocknen, mit den Marshmallows vermischen und als Schicht Nummer 3 in die Schüssel geben.

4. Für Schicht 4 die Schokolade grob hacken, über dem heißen Wasserbad schmelzen und abkühlen lassen. Dann mit der Crème fraîche vermischen und vorsichtig über die Beerenschicht gießen.

5. Nun wieder einen Biskuitboden oder zwei Pancakes auflegen und mit dem restlichen Birnenbrand beträufeln. Dann die zweite Hälfte der Birnenmischung daraufstreichen.

6. Für die Deko die Mandelblättchen mit dem Vanillezucker in einer beschichteten Pfanne rösten und abkühlen lassen. In der Zwischenzeit die Sahne steif schlagen, in einen Spritzbeutel mit großer Sterntülle füllen und die Oberfläche mit großen Sahnetupfern bedecken. Mandelblättchen kurz vor dem Servieren darüberstreuen.

7. Die „Schweinerei" darf sofort geschlachtet werden, kann aber natürlich auch noch im Kühlschrank durchziehen.

TIPP: Für eine tolle Variante ersetzen Sie die Johannisbeeren durch Blaubeeren, Birne und Püree durch 250 Gramm Rhabarberkompott und den Birnenbrand durch Marillenbrand oder Schlehengeist.

Wir Deutschen lieben unseren Käsekuchen mit Quark und Eiern. Ich möchte Ihnen die ungebackene Variante vorstellen, die ich zum ersten Mal in London kennenlernen durfte. Ein Gedicht. Wirklich! So herrlich cremig und schön zitronig frisch. In dem Fall ist es eben doch ein Vorteil, dass die Engländer nicht kochen können. Sie können den Kuchen in einer kleinen Springform oder aber auch in sechs Gläsern zubereiten und den Kuchen als Nachtisch servieren.

Cheesecake

Zutaten für 6 Portionen

Teig
80 g Butter
200 g Spekulatius-Kekse (alternativ: Vollkornbutterkekse + 1 TL Zimtpulver + ¼ TL Salz)

Creme
1 unbehandelte Zitrone
10 EL Mineralwasser
350 g Frischkäse
250 g süße Sahne
120 g Zucker

Topping
100 g Sour Cream (alternativ: 2 Teile Schmand, 1 Teil Frischkäse und 1 Prise Salz)
evtl. je 2–3 Zitronenzesten

Zubereitungszeit: 30 Minuten
Kühlzeit: 1 bis 2 Stunden

1. Die Butter im Topf schmelzen. Die Spekulatius-Kekse im Mixer oder Mörser gut zerkrümeln und beides zu einem Teig verkneten. Je nach Gefäß, den Keksteig gleichmäßig in eine mit Backpapier ausgelegte kleine Springform (Durchmesser 18 cm) oder in 6 Gläser geben. Anschließend kalt stellen.

2. Für die Creme die Zitrone gründlich waschen, die Hälfte der Zitronenschale abreiben und den Saft auspressen. Wer im Besitz eines Zestenreißers ist, kann auch kleine Zesten aus der Schale schneiden. Anschließend den Zitronensaft mit Schalenabrieb, Mineralwasser und Frischkäse cremig rühren.

3. Die Sahne nicht ganz steif schlagen, nach und nach den Zucker dazugeben und das Ganze unter die Zitronencreme rühren. Die Creme gleichmäßig auf dem Keksboden verteilen und mit einem Teigschaber oder Pfannenheber glatt streichen.

4. Als Topping eine dünne Schicht Sour Cream über den Kuchen (oder in die Gläser) geben und die Zesten darüberstreuen. Das Ganze für 1 bis 2 Stunden kalt stellen. In den kleineren Gläsern kühlt alles natürlich schneller.

TIPP: Dazu passen frische Früchte wie Erdbeeren oder andere Waldfrüchte. Diese können Sie natürlich schon in die Creme mischen, aber auch dazu servieren. Oder Sie schneiden die Früchte klein und lassen sie mit etwas Puderzucker und gehackter Minze oder Thaibasilikum (Geheimtipp!) marinieren. Reichen Sie die Fruchtmischung so zum Kuchen oder pürieren Sie das Ganze vorher zu einer Sauce, die Sie dann vor dem Servieren über den Kuchen gießen. Das klappt super auch mit tiefgekühlten Früchten!

Probieren Sie dazu statt Kaffee einfach mal eine Tasse Zitronenverbenen-Tee oder schwarzen Tee mit Rum. Nicht nur, weil Tee englischer ist, sondern weil es einfach super passt!

Eigentlich ist der „Kalte Hund" in seiner Ur-Kasten-Form unschlagbar. Daher gebe ich Ihnen auch das Originalrezept meiner Kindheit preis. Sollte Ihnen diese Version jedoch zu langweilig erscheinen, experimentieren Sie mit den neuen Zutaten und dem runden Format. Die Herstellung ist dieselbe.

Kalter Köter

Zutaten für 12 Portionen

Schoko-Schicht
250 g Kokosfett oder Kakaobutter
6 EL Milch oder süße Sahne
50 g entöltes ungesüßtes Kakaopulver
1 Prise Salz
(oder neu: 1 Prise Kardamom)
150–200 g Puderzucker
(oder neu: 100–150 g Puderzucker)
50 g gemahlene Mandeln
(oder neu: 50 g gemahlene gebrannte Mandeln)
4 Tropfen Rumaroma/
(oder neu: 2 EL Amarettolikör)

Keks-Schicht
300 g Butterkekse
(oder neu: 300 g Mandel-Spekulatius)

Deko
2 Rippen helle Schokolade
4 EL Sahne

Zubereitungszeit: 35 Minuten
Kühlzeit: 3–4 Stunden

1. Das Kokosfett vorsichtig in einem Topf schmelzen, dabei darauf achten, dass es nicht kocht. Beiseitestellen.

2. Die Milch oder Sahne mit dem Kakaopulver in einem anderen Topf kurz erhitzen, bis sich eine cremige Masse gebildet hat. Mit dem Salz (alternativ Kardamom) würzen und zum Kokosfett dazugeben. Nun soviel vom Puderzucker dazugeben, bis sich alle Bestandteile gut miteinander vermischt haben.

3. Zum Schluss die gemahlenen Mandeln unterheben und mit Rumaroma oder Amarettolikör aromatisieren. Noch intensiver wirkt der Alkohol, wenn Sie ihn auf die Kekslagen träufeln.

4. Eine kleine Springform (Durchmesser 18 cm) oder Kastenform mit Frischhaltefolie auslegen. Jetzt wird geschichtet! Begonnen wird mit einer Schicht Schokomasse, die gleichmäßig auf den Boden gestrichen wird. Anschließend wird eine Schicht Butterkekse (alternativ Mandel-Spekulatius) darübergelegt. Sollte ein zu breiter leerer Rand entstehen, einfach die Kekse mit einem scharfen Messer „passend machen" oder auseinanderbrechen.

5. Den Schichtvorgang so lange wiederholen, bis Kekse und Schokomasse aufgebraucht sind. Idealerweise besteht die letzte Schicht – der spätere Boden – aus Keksen, das ist aber persönliche Geschmackssache.

6. Den „Köter" im Kühlschrank kalt werden lassen. Anschließend auf einen Teller stürzen und die Frischhaltefolie vorsichtig abziehen. Für die Deko die helle Schokolade in der Sahne schmelzen und auf Raumtemperatur abkühlen lassen. Den Kuchen mit der Schokocreme besprenkeln.

TIPP: Sollte sich das Kokosfett mit der Schokomasse nicht richtig verbinden wollen, verwenden Sie bis zu 200 Gramm Puderzucker. Wer es nicht zu süß mag, kann auch etwas lauwarmes Wasser löffelweise hinzufügen, um die Creme zum Emulgieren zu bringen.

> 99
> *Im Sommer finde ich es immer nahezu unerträglich, an diesen Edel-Konditoreien vorbeizulaufen und die Obsttörtchen zu bestaunen. Diese Törtchen sehen sooo toll aus, gar keine Frage, aber sie sind einfach richtig teuer!*
> 66

Chalöttchen

Zutaten für 6 Stück

Topping
Frischhaltefolie
300–400 g Erdbeeren oder feste Pfirsiche
6 EL Marmelade ohne Stückchen (passend zum Obst, alternativ passt immer Aprikose)
6 EL Wasser

Füllung
1 Ei
150 g süße Sahne
100 ml Milch
3 TL Speisestärke
4 EL Vanillezucker (s. Seite 14)
200 g Crème fraîche oder Quark
1 TL Zitronensaft

Boden
6 kleine Biskuitböden, (alternativ: 1 großen Biskuitboden, aus dem Sie 6 kleine ausstechen können)
3 EL Marmelade ohne Stückchen passend zum Obst

Deko
50 g süße Sahne
ca. 50 g weiße Schokoraspel

Zubereitungszeit: 40 Minuten
Kühlzeit: 30 Minuten

1. Das Rezept geht „anders herum", daher zunächst für den Deckel 6 Dessert- oder Soufflé-Förmchen (Durchmesser 7–8 cm) mit Frischhaltefolie auskleiden. Das Obst waschen, putzen und in feine Scheibchen schneiden.

2. Die Marmelade mit Wasser erhitzen, sofort vom Herd nehmen und gut verrühren. Die Frischhaltefolien in den Förmchen dünn mit Marmelade bestreichen und die Wände vorsichtig mit den Obstscheibchen „tapezieren". Bis zur Verwendung kühl stellen.

3. Das Ei trennen. Die Sahne mit dem Eigelb, der Milch, der Speisestärke und dem Vanillezucker gut verquirlen, so dass keine Klümpchen entstehen.
Tipp: Wenn Sie ein „Klümpchentyp" sind, lösen Sie die Speisestärke erst mit 2 Esslöffel kaltem Wasser auf und geben sie erst dann dazu.

4. Die Masse unter ständigem Rühren kurz aufkochen. Sobald die Flüssigkeit zäher wird, den Topf vom Herd nehmen und etwas abkühlen lassen. Mit Crème fraîche oder Quark und dem Zitronensaft vermischen. Eiweiß steif schlagen und unterheben. Die fertige Füllung vorsichtig in die Förmchen füllen.

5. Biskuitböden mit Marmelade bestreichen und als Deckel auf die Creme setzen. Dann das Ganze für etwa eine halbe Stunde in den Kühlschrank stellen.

6. Vor dem Servieren die Chalöttchen vorsichtig auf Teller stürzen, die Frischhaltefolie entfernen und dekorieren. Dazu die Sahne steif schlagen und in einen Spritzbeutel füllen. Törtchen mit einem Sahnehäubchen verzieren und ein paar weiße Schokoraspel darüberstreuen.

TIPPS: Wenn keine Kinder mitessen, können Sie die Biskuitböden auch mit etwas fruchtigem Likör oder Obstbrand beträufeln.

Kleine Mengen Sahne steif schlagen ist doof, ich weiß ... aber es geht. ☺ Die Idee ist, den Rest aus dem Sahnebecher zu verwenden. Wer mehr Sahne möchte, kann natürlich noch einen extra Becher kaufen, wer weniger will, kann sie auch weglassen. Das Chalöttchen ist auch ohne Kopfbedeckung salonfähig.

Das hier ist keine normale Schoko-Banane – natürlich! Dieses Teilchen ist eine Art leichter Bananen-Cheesecake am Stiel.

Spießige Schokobanane

Zutaten für 20 Würfel

20 Cocktailspießchen

Teig
50 g Kokosfett
300 g Oreo-Kekse (schwarze Kekse mit weißer Cremefüllung)

Füllung
½ unbehandelte Zitrone
300 g Frischkäse
200 g Joghurt
4 reife Bananen
1 Packung Gelatine
200 g süße Sahne (1 Becher)
4 EL brauner Zucker oder Vollrohrzucker
evtl. Honig oder Sirup zum Nachsüßen

Glasur
200 g dunkle Kuvertüre
50 g Kokosfett

Zubereitungszeit: 30 Minuten
Kühlzeit: 2–3 Stunden

1. Das Kokosfett in einem Topf schmelzen. Kekse mitsamt der Füllung im Mixer oder mit dem Stabmixer fein zermahlen und die Hälfte der Masse mit dem flüssigen Fett zu einem Teig verkneten. Den Teig in eine rechteckige Kuchen- bzw. Brownieform (24 x 24 cm) drücken und kalt stellen. Die restliche Keks-Creme-Masse zwischen zwei Frischhaltefolien dünn ausrollen und beiseitestellen.

2. Die Zitrone waschen, von einer Hälfte die Schale abreiben und den Saft auspressen. Den Frischkäse mit dem Joghurt und dem Zitronenabrieb glatt rühren. Die Bananen schälen, klein schneiden und mit dem Zitronensaft pürieren.

3. Nun die Gelatine nach Packungsanweisung in kaltem Wasser auflösen, erhitzen und zunächst mit 2–3 Esslöffel der Frischkäsecreme verrühren. Dann zum Rest der Creme geben und anschließend das Bananenpüree unterrühren.

4. Die Sahne mit dem Zucker nicht ganz steif schlagen und vorsichtig unter die Creme heben. Je nach Reifegrad der Bananen etwas Honig oder Sirup zufügen und gleichmäßig auf den Keksboden streichen. Die Folie von der Keks-Creme-Masse entfernen, die Bananencreme damit bedecken und vorsichtig andrücken. Die Form wieder kalt stellen.

5. Die Kuvertüre mit dem Kokosfett über dem heißen Wasserbad schmelzen und anschließend auf Zimmertemperatur abkühlen lassen.

6. Den kalten Kuchen mit einem scharfen Messer in zirka 2,5 Zentimeter breite Würfel schneiden. **Tipp:** Senkrecht zustechen, dann klappts besser! – Die Würfel mit der geschmolzenen Kuvertüre überziehen und in jeden vorsichtig ein Cocktailspießchen stecken. Die Glasur im Kühlschrank fest werden lassen. Wem das „Gefummel" mit den Würfeln zu kompliziert ist, der kann den Kuchen auch ganz lassen, dann ist er halt nicht mehr „spießig". ☺

TIPPS: Ich persönlich mag die Spieße, weil sie eben nicht so süß sind, und lasse den Zucker in der Sahne sogar komplett weg. Für große Naschkatzen empfehle ich, 200 g Schokolade (weiß oder dunkel) klein zu hacken und unter die Frischkäsemasse zu mischen.

Dieser Brownie ist natürlich ein Fake. Aber für alle diejenigen, die keinen Ofen besitzen und dennoch im Schokoladenhimmel schweben wollen, gibt es dieses köstliche Rezept. Nahezu alle Originalzutaten sind besonders reich an Antioxidanzien, d.h. dieser Brownie macht schön, glücklich und gesund. Anti-Aging, Anti-Sad und Anti-Ill.

Glücksbrownies

vegan, glutenfrei

Zutaten für 12 Stück

Teig
120 g Kokosfett oder Kakaobutter
50 g ungesüßtes Kakaopulver
100 ml Sirup (aus Agave ist er am geschmacksneutralsten, Ahornsirup oder Honig sind auch lecker)
50 g Trockenpflaumen (alternativ getrocknete Datteln)
100 g gemahlene Mandeln
50 g getrocknete Gojibeeren (alternativ getrocknete Cranberrys, Aroniabeeren oder Rosinen)
100 g Pekan- oder Walnüsse, geröstet

Glasur
100 g Kokosfett oder Kakaobutter
100 g Puderzucker
50 g ungesüßtes Kakaopulver

Zubereitungszeit: 20 Minuten
Kühlzeit: 1–2 Stunden, am besten über Nacht

1. Das Kokosfett in einem Topf schmelzen und anschließend vom Herd nehmen. Nach und nach das Kakaopulver unter das flüssige Fett rühren, bis keine Klümpchen mehr vorhanden sind. Den Sirup dazugeben und alles verrühren.

2. Die Trockenpflaumen in kleine Stücke schneiden. Zusammen mit den gemahlenen Mandeln zum Kakaosirup geben und alles zu einem Teig verkneten. Die Pflaumenstückchen dürfen sich dabei ruhig mit den übrigen Zutaten verbinden.

3. Zuletzt die Beeren und die Nüsse im Ganzen dazugeben und die Mischung gut verkneten. Den Teig in eine rechteckige Form (24 x 24 cm) füllen und kühl stellen.

4. Für die Schokoglasur das Kokosfett schmelzen, dann den Puderzucker und das Kakaopulver unter Rühren langsam einrieseln lassen. Die fertige Glasur über den Brownie gießen und gleichmäßig verstreichen.

5. Ist die Glasur erstarrt, den Brownie mit einem großen Messer in kleine Quadrate oder Rechtecke schneiden. **Tipp:** Das Messer schneidet auch nach mehreren Schnitten noch sauber, wenn man es zwischendurch immer wieder unter heißes Wasser hält und dann abtrocknet.

TIPP: Die Glasur ist eine prima Alternative, wenn man mal keine Schokolade oder Kuvertüre im Haus hat. Gut, so was sollte eigentlich nicht passieren – ha! Aber, man weiß ja nie ...

Füllen Sie den restlichen Guss in verschiedene Eiswürfelformen, dann erhalten Sie hübsche Schokowürfelchen, -herzchen usw. zu Dekozwecken.

> *Ich habe es eventuell schon mal erwähnt – ich liebe die Kombination aus Kaffee und Schokolade. Inspiriert haben mich diese leckeren Merci-Petits, Sorte Kaffee-Sahne. Den ultimativen Hauch von exotischem Temperament bekommt die Tarte durch den Kardamom.*

1001 Araber

Zutaten für 12 Stück

Teig
60 g Butter
120 g Russisch Brot (1 Packung)
ca. 5-6 getrocknete Datteln
3 EL Kakaopulver

Dunkle Füllung
150 g dunkle Mokka-Schokolade
70 g weiche Butter

Helle Füllung
1/2 TL Kardamom
1 Vanilleschote
200 g süße Sahne (1 Becher)
200 g weiße Schokolade
1 Blatt oder 1 TL Gelatine

Deko
Kakaopulver
12 Mokka-Schokobohnen

Zubereitungszeit: 25 Minuten
Kühlzeit: ca. 3,5 Stunden

1. Die Butter in einem Topf schmelzen. Das Russisch Brot mit einem Mixer oder Mörser zerkrümeln. Die flüssige Butter über die Kekskrümel gießen und alles gut verkneten. Die Datteln entkernen, klein schneiden und zusammen mit dem Kakaopulver nach und nach gründlich unter die Keksbutter kneten. Mit dem Teig eine Springform auskleiden, dabei einen Rand formen und kühl stellen.

2. Für die dunkle Füllung die Mokka-Schokolade mit einem großen schweren Messer in Stücke hacken und über dem heißen Wasserbad schmelzen. Dann vorsichtig die weiche Butter unterrühren, bis keine Klümpchen mehr übrig sind, und abkühlen lassen. Die Masse über den Teigboden geben und weiter kühlen.

3. Die Vanilleschote aufschneiden und das Mark auskratzen. Vanillemark, -schote und Kardamom mit der Hälfte der Sahne vorsichtig erhitzen. Den Topf vom Herd nehmen und die Schote entfernen. Anschließend die weiße Schokolade mit einem großen schweren Messer in Stücke hacken, dazugeben und unter ständigem Rühren schmelzen lassen.

4. Die Gelatine nach Packungsanweisung in kaltem Wasser auflösen, dann erwärmen und den Topf vom Herd nehmen. Etwa 2 Esslöffel von der weißen Schokomasse unterrühren. Dann die übrige Füllung mit der Gelatine vermischen und gut abkühlen lassen. Die restliche Sahne nicht ganz steif schlagen und vorsichtig unter die abgekühlte Masse heben.

5. Nun die helle Füllung auf dem Kuchen verteilen und das Prachtstück zum Festwerden wieder in den Kühlschrank stellen.

6. Ist alles komplett durchgekühlt, schneiden Sie einen Stern in ein Blatt Papier und halten dieses als Schablone über die Tarte. Mit der anderen Hand sieben Sie etwas dunkles Kakaopulver darüber. Die Mokka-Schokobohnen dekorieren Sie an den Rand.

Ähnlichkeiten zur allseits beliebten Donauwelle sind natürlich nicht zufällig, sondern gewollt. Meine Variante funktioniert ohne Ofen und ist daher genauso unkompliziert und frech wie meine geliebte Hauptstadt.

Spreewelle

Zutaten für 12 Stück

Teig
120 g Butter
200 g Shortbread
100 g Haferflocken

Füllung
100 g weiße Schokolade
250 g Mascarpone (alternativ und nicht ganz so fett: Frischkäse)
150-200 g frische Himbeeren oder Erdbeeren

Topping
100 g dunkle Schokolade

Zubereitungszeit: 20 Minuten
Kühlzeit: ca. 2 Stunden

1. Die Butter in einem Topf schmelzen. Das Shortbread erst mit einem Messer grob hacken, dann im Mixer oder Mörser zerkrümeln und mit den Haferflocken mischen. Butter darübergießen und das Ganze verkneten. Den Teig gleichmäßig als Boden in eine Kuchen- oder Brownieform drücken und kühl stellen.

2. Weiße Schokolade über dem Wasserbad schmelzen und leicht abkühlen lassen. Anschließend unter den Mascarpone oder den Frischkäse heben.

3. Die Beeren waschen, trocknen und gleichmäßig auf dem Keksboden verteilen. Das Ganze mit der Mascarponecreme bedecken. Alles etwa 1,5 Stunden in den Kühlschrank stellen.

4. Dunkle Schokolade über dem heißen Wasserbad schmelzen und auf Zimmertemperatur abkühlen lassen. Dann vorsichtig über den Kuchen gießen – leichter gelingt das, wenn man die Schokosauce dabei über den Rücken eines Esslöffels laufen lässt. Wer mag, kann mit einer Gabel noch Wellen in die Schokodecke malen. Als freche Schwester kommt sie aber auch ohne aus. Die Spreewelle vor dem Servieren mindestens noch eine halbe Stunde kühl stellen.

einfach RÜHREND

Das ist mein absolutes Lieblingskapitel! Manchmal muss ein Kuchen schlicht und ergreifend perfekt sein wie eine Butterstulle. Diese Rezepte sind so rührend, damit können Sie nicht falsch liegen. Lecker, schnell und dennoch mit dem gewissen Etwas. Zurückhaltung war gestern, hier muss man einfach herzhaft reinbeißen!

Die Omis meiner Generation waren doch die besten Ratgeberinnen. Die Frauen der goldenen 20er standen mit beiden Beinen im Leben und wussten, wie man günstig und lecker auftrumpfen kann. Dieses Rezept stammt von der Großmutter meiner Freundin Anne-Marie, die angeblich ansonsten eine Niete in der Küche war, sagt Anne-Marie. Der Kuchen ist aber absolute Meisterklasse!

Muttis Sparrezept

Zutaten für 12 Stück

Teig
300 g weiche Butter
300 g Zucker
3 Eier
400 g Mehl
1 Päckchen Backpulver

Zubereitungszeit: 60 Minuten
Backzeit: 45 Minuten
175 °C (Umluft 155 °C)

1. Die Butter mit Zucker etwa 3 Minuten schaumig rühren. Die Eier dazugeben und weitere 1–2 Minuten zu einer Creme rühren.

2. Mehl mit Backpulver vermischen und vorsichtig unter die Eiercreme heben, bis sich alles gut vermischt hat. Dann ab damit in eine gefettete Sandkuchen- oder Gugelhupfform und backen.

3. Zum Prüfen, ob der Kuchen gar ist, den „Zahnstochertest" (siehe Seite 14) machen. Ist er fertig, den Kuchen auf ein Kuchengitter stürzen und auskühlen lassen.

TIPP: Aus diesem Grundteig lassen sich prima unzählige Kuchen zaubern:
Mit Vanillezucker und geriebener Zitronenschale bekommt man zum Beispiel einen herrlichen **Zitronenkuchen**. Zuckerguss aus Puderzucker und Zitronensaft drüber – fertig!

Alles, was so im Haus rumlungert, also alte Schokohasen oder Weihnachtsmänner, Dominosteine usw., klein schneiden und unter den Teig rühren, dann backen. Zur **Schoko-Variante** passt dann ein Schokoguss.

Marmorkuchen bekommt man, wenn man eine Hälfte des Teiges mit 2–3 EL Kakao und 2–3 EL Milch vermischt und diesen dunklen Teig vorsichtig kreisförmig unter den hellen zieht. Den fertigen Kuchen mit Puderzucker bestäuben.

Wer schon mal ein original sardisches Menü „mitgemacht" hat, der weiß, am Ende geht da eigentlich gar nichts mehr. Eigentlich. Denn im Anschluss an Gemüse, Nudeln, Zuppa Galorese, gebackenes Schwein und Pecorino-Ravioli gibt es den besten Zitronenkuchen der Welt! Da ich leider keine sardische Großtante habe, musste ich mir das Rezept selbst zusammenfummeln. Ich hoffe, es gefällt Ihnen.

Sardischer Zitronenkuchen

Zutaten für 12 Stück

Teig
1 unbehandelte Zitrone
250 g weiche Butter
300 g Zucker
1 Prise Salz
4–5 Eier (je nach Größe)
100 g Ricotta (alternativ Schmand, Frischkäse oder Mascarpone)
300 g Mehl

Topping
50 g Puderzucker
100 ml Wasser

Zubereitungszeit: ca. 70 Minuten
Backzeit: ca. 60 Minuten
175 °C (Umluft 155 °C)

1. Zitrone waschen, trocknen und die Schale abreiben. Anschließend den Saft auspressen und für das Topping zur Seite stellen.

2. Butter mit Zucker und Salz etwa 3 Minuten schaumig rühren. Dann die Eier mit der Zitronenschale in die Butter-Zucker-Mischung rühren und nach und nach den Ricotta dazugeben. Anschließend das Mehl vorsichtig unterheben.

3. Den Teig in eine gefettete Kastenform (28 cm) füllen und goldbraun backen. Aus dem Ofen nehmen und den Kuchen in der Form 10 bis 15 Minuten abkühlen lassen.

4. Für das Topping den Zitronensaft mit Puderzucker und Wasser erhitzen und unter Rühren auflösen. Bei mittlerer Hitze köcheln lassen, bis die Flüssigkeit um die Hälfte reduziert ist. Diesen Sirup über den fertig gebackenen Kuchen gießen. Den Kuchen in der Form abkühlen lassen. Zum Servieren den Kuchen aus der Form nehmen und auf eine schöne Kuchenplatte setzen.

Für diesen Kuchen musste ich tief in die Tasche greifen, aber es hat sich gelohnt. Entdeckt habe ich die Idee eigentlich im KaDeWe – aber mein Ehrgeiz war gepackt, und ich wollte den Luxuskuchen unbedingt nachbacken. Die Basis dafür bildet der mallorquinische Mandelkuchen, nur, dass ich dafür keine Mandeln verwende, sondern Pistazien. Ein Kuchen für Königinnen.

Dekadenter Pistazienkuchen

Zutaten für 12 Stück

Teig
3 Eier
1 Prise Salz
125 g Puderzucker
150 g Butter
150 g Pistazienmark
(z. B. über Bosfood.de)
50 g Mehl

Deko
150 g dunkle Kuvertüre
evtl. goldene Liebesperlen

Zubereitungszeit: 45 Minuten
Backzeit: 25–30 Minuten
175 °C (Umluft 155 °C)

1. Den Ofen unbedingt vorheizen.

2. Die Eier trennen und das Eiweiß mit 1 Prise Salz steif schlagen. Dann unter ständigem Rühren die Hälfte des Puderzuckers einrieseln lassen.

3. In einer zweiten Schüssel die Eigelbe, den restlichen Puderzucker, die weiche Butter und das Pistazienmark etwa 2 Minuten verquirlen. Zuletzt das Mehl dazugeben und zu einem Teig verrühren.

4. Anschließend den Eischnee vorsichtig unter den Teig heben. Denken Sie dabei an eine elegante Dame, die ihren Kavalier freundlich vorbeiwinkt und achten Sie darauf, dass so wenig Luft wie möglich von dem fluffigen Eischnee verloren geht. Den Teig in eine Form füllen und im vorgeheizten Ofen backen.

5. Den Kuchen nach dem Backen 10 Minuten in der Form ruhen lassen, dann auf ein Kuchengitter stürzen und auskühlen lassen. Ist der Kuchen ganz abgekühlt, die Kuvertüre im heißen Wasserbad schmelzen und auf Zimmertemperatur abkühlen lassen. Erst dann über den Kuchen geben. Wer mag, streut noch ein paar Pistazienstückchen als Deko darüber.

TIPP: Diesen Kuchen kann man auch prima einfrieren. Er verliert nichts an seiner Saftigkeit und an Geschmack. Falls Sie nicht so viel Geld ausgeben wollen: Der Kuchen funktioniert auch mit preiswerterem Nussmus.

Ich bin eigentlich kein Fan von süßen Getränken, aber manchmal trinke ich vor dem Sport gerne mal ein Malzbier. Das ist echt lecker, gibt Energie und hat weniger Kalorien als Apfelschorle. Außerdem liebe ich den Geschmack und bin total glücklich, dass es mittlerweile die Maltesers-Kugeln auch in Deutschland zu kaufen gibt.

Malzkugel

Zutaten für 12 Stück

Teig
200 g weiche Butter
170 g Zucker
4–5 Eier (je nach Größe)
1 reife Banane
300 g Mehl
3 TL Backpulver oder Natron
1 Prise Salz
200 ml Malzbier
200 g Maltesers Schokokugeln

Guss
50 g Butterschmalz
100 ml Malz- oder dunklen Zuckerrübensirup
100 g dunkle oder Vollmilchkuvertüre

Deko
zerstoßene Schokokugeln (Rest)

Zubereitungszeit: 70 Minuten
Backzeit: 60 Minuten
Kühlzeit: 30 Minuten
175 °C (Umluft 155 °C)

1. Die Butter mit dem Zucker schaumig rühren. Dann die Eier dazugeben und erneut etwa 3 Minuten quirlen.

2. Die Banane schälen, in Stücke schneiden und pürieren. Bananenpüree mit Mehl, Backpulver (oder Natron) und Salz unter die Zucker-Ei-Masse rühren. Das Malzbier dazugießen und weiterrühren.

3. 100 g Schokokugeln in einen Frischhaltebeutel füllen und in ein Handtuch wickeln. Die Kugeln vorsichtig mit einem harten Gegenstand (Nudelholz, Flasche oder Hammer) zerstoßen. Eine Hälfte Kugelsplitter für die Deko zur Seite stellen. Die andere Hälfte zusammen mit den ganzen Kugeln unter den Teig heben.

4. Den Teig in eine gefettete Springform geben und etwa 45 Minuten backen. Dann mit Alufolie abdecken und noch etwa 15 Minuten weiterbacken. Anschließend den Kuchen vorsichtig aus der Form lösen und abkühlen lassen.

5. In der Zwischenzeit das Butterschmalz mit dem Sirup in einem Topf erhitzen. Die Kuvertüre hacken und zum Sirup geben. Unter Rühren zu einem glänzenden Guss schmelzen lassen. Diesen etwas abkühlen lassen, damit er ein wenig fester wird. Mit einem Messer oder Teigschaber gleichmäßig auf dem Kuchen verteilen.

6. Als Deko die restlichen Kugelsplitter auf dem Kuchen verteilen.

Knackiger Elchflüsterer sucht hübsche Singelin zur gemeinsamen Erwärmung.

Glögg-Kuchen

Kuschelkuchen

Schade, dass man ihn nicht mit ins Bett nehmen kann.

„Die Idee zu dem Kuchen kam mir unter der Dusche. Klingt komisch, wird aber noch absurder. Ich benutze ein Duschgel namens Glögg, eben wie der skandinavische Rotweinpunsch. Dieses Duschgel riecht einfach so lecker, zum Anbeißen fruchtig und dennoch herrlich erwärmend. Und was macht Tante Ruth? Nein, nicht das Duschgel austrinken – sondern 'nen leckeren Glögg-Kuchen!"

Glögg-Kuchen

Zutaten für ca. 12 Stück

Teig 1
1 daumengroßes Stück frischer Ingwer
¼ l Rotwein
50 g Rosinen
1 Nelke
½ TL Zimtpulver
1 Prise Kardamom
250 g weiche Butter
150 g Zucker
4 Eier
200 g Mehl

Teig 2
1 Eiweiß (übrig von Teig 1)
1 Prise Salz
50 g Puderzucker
50 g gemahlene Mandeln
50 g Mandelstifte

Topping
5 EL Waldfruchtgelee
50 ml Rum (oder Wodka)
Puderzucker oder Kakaopulver

Zubereitungszeit: 90 Minuten
Backzeit: 50 Minuten
175 °C (Umluft 155 °C)

1. Für Teig 1 den Ingwer schälen und fein reiben. Den Rotwein zusammen mit Rosinen, Nelke, Zimtpulver, Kardamom und dem geriebenen Ingwer etwa auf die Hälfte der Flüssigkeitsmenge einköcheln lassen. Anschließend die Nelke rausfischen. Die Rosinen und das Gewürzpulver bleiben natürlich drin.

2. Die Butter und den Zucker schaumig rühren. Ein Ei trennen und das Eiweiß für Teig 2 beiseitestellen. 3 Eier und das Extra-Eigelb zur Butter-Zucker-Mischung geben und erneut für mehrere Minuten auf höchster Stufe verquirlen. Jetzt die Rotweinsauce und das Mehl untermischen und Teig Numero 1 in eine gefettete Kastenform füllen.

3. Für Teig 2 das Eiweiß mit dem Salz steif schlagen. Den Puderzucker dazugeben und erneut verquirlen. Nun die gemahlenen Mandeln und die Mandelstifte unterheben und auf Teig 1 in die Kastenform geben. Beide Schichten, wie beim Marmorkuchen, mit Hilfe einer Gabel verwirbeln und in den Ofen geben.

4. Den fertigen Kuchen 10 Minuten in der Form abkühlen lassen. In der Zwischenzeit das Gelee für das Topping in einem Topf erwärmen, den Rum einrühren und die Mischung über den noch warmen Kuchen gießen. Ist dieser erkaltet, aus der Form nehmen.

TIPPS: Statt der individuellen Gewürzmischung eignet sich natürlich auch fertiges Glühweingewürz. Da sind ähnliche Zutaten enthalten.

Rosinen-Hassern (jaa, ich mag sie auch nicht so gerne) empfehle ich getrocknete Maulbeeren. Ist zwar nicht original Glögg, aber dennoch skandinavisch.

Für Kinder tauschen Sie den Rotwein mit Johannisbeersaft, den Rum im Topping lassen Sie dann einfach weg.

Oder Sie lassen den Kuchen direkt auf einem Kuchengitter abkühlen und bestäuben ihn mit Kakao oder Puderzucker.

Dieser Kuchen wirkt wie eine gemütliche Daunendecke, die man um die Schultern gelegt bekommt. Er hebt die Stimmung und eignet sich perfekt für einen verregneten Sonntagnachmittag im November oder zum Geburtstag eines ganz besonders tollen Menschen.

Kuschelkuchen

Zutaten für 12 Stück

Teig
2 Vanilleschoten
200 g weiche Butter
250 g Marzipanrohmasse
5 Eier
200 g Mehl
1 Päckchen Backpulver
100 g gemahlene Mandeln
1 Messerspitze Safran
150 g Puderzucker
200 g Datteln

Deko
150 g weiße Schokoladen-Kuvertüre, alternativ Puderzucker

Zubereitungszeit: 60 Minuten
Backzeit: 45 Minuten
175 °C (Umluft 155 °C)

1. Die Vanilleschoten mit einem scharfen Messer aufschlitzen und das Mark herauskratzen. Die Butter mit dem Vanillemark schaumig rühren und nach und nach die Marzipanrohmasse dazugeben. Ist alles gut vermischt, kommen die Eier auch noch in den Topf und nehmen für weitere 2–3 Minuten am Rührvergnügen teil.

2. Das Mehl mit dem Backpulver, den Mandeln, Safran und Puderzucker gut vermischen und unter die Butter-Ei-Mischung rühren.

3. Die Datteln entkernen, das Fruchtfleisch in kleine Würfelchen schneiden und unter den Teig heben.

4. Nun den Teig in eine mit Backpapier ausgelegte Springform (Durchmesser 26 cm) füllen und in den Backofen schieben.

5. Einige Minuten vor Ende der Backzeit den „Zahnstochertest" (siehe Seite 14) machen. Ist der Kuchen gar, aus dem Ofen nehmen und auf ein Kuchengitter stürzen. Abkühlen lassen!

6. Kuvertüre über dem heißen Wasserbad schmelzen und den Kuchen damit überziehen. Weniger schokoladig, aber auch gut: den fertigen Kuchen mit einer dicken Schicht Puderzucker „beschneien".

TIPP: Um den Kuchen fruchtiger zu machen, ersetzen Sie die Datteln durch klein geschnittene Aprikosen oder Blaubeeren. Das passt auch prima!

„Dieser Kuchen ist was für besondere Momente – wenn man es extrem süß braucht."

Weiche Schale – süße Nuss

Zutaten für 12 Stück

Nusskaramell
200 g Haselnüsse
(alternativ Wal- oder Pekannüsse)
60 g Zucker
½ TL Salz

Teig 1:
100 g Mascarpone
70 g Zucker
200 g Schmand (1 Becher)
2 Eigelb

Teig 2:
4 Eiweiß
200 g Zucker
2 Eigelb
100 g Mehl
200 g gemahlene Haselnüsse
(alternativ Wal- oder Pekannüsse)

Frosting:
60 g Butter
100 g brauner Zucker oder Vollrohrzucker
50 g Mascarpone
125 g Puderzucker

Zubereitungszeit: 70 Minuten
Backzeit: 45 Minuten
180 °C (Umluft 160 °C)

1. Die ganzen Nüsse ohne Fett in einer Pfanne rösten, Zucker und Salz dazugeben und unter ständigem Rühren karamellisieren lassen. Das Nusskaramell auf einem mit Backpapier ausgelegten Blech oder Tablett auskühlen lassen.

2. Für Teig 1 den Zucker mit einem Schneebesen unter die Mascarpone rühren, nach und nach den Schmand und 2 Eigelb unterrühren.

3. Für Teig 2 Eiweiß steif schlagen, nach und nach den Zucker dazugeben und weiter rühren. Dann die 2 Eigelb bei mittlerer Stufe unterrühren. Das Mehl mit den gemahlenen Nüssen vermischen und unter die Eiercreme ziehen.

4. Zum Backen die Hälfte von Teig 2 gleichmäßig in eine mit Backpapier ausgelegte oder gefettete Springform verteilen. Dann Teig 1 darübergeben. Die Nussmischung mit dem restlichen Teig 2 vermischen, als Decke darübergeben und ab mit dem Kuchen in den Ofen. Anschließend direkt aus der Form nehmen und auskühlen lassen.

5. Für das Frosting die Butter mit dem Zucker schmelzen und bei mittlerer Hitze 3–4 Minuten leise köcheln lassen. Den Topf vom Herd nehmen und den Mascarpone unterrühren. Die Masse gerinnt etwas, das erledigt sich aber gleich, wenn Sie das Ganze in eine Schüssel füllen und mit dem Puderzucker glatt rühren. Wer möchte, kann noch 1 Prise Salz zufügen, bevor das Frosting über den erkalteten Kuchen gegeben wird.

TIPP FÜR SCHOKOFANS: Wenn Sie über das erkaltete Frosting etwa 150 g geschmolzene dunkle Kuvertüre gießen, schmeckt's noch leckerer und erinnert ein wenig an Toffifee.

TIPP: Wer den Teig weniger nussig mag, kann die Menge der Haselnüsse halbieren.

> *Eigentlich sind bei diesem Kuchen keine Aufstände zu erwarten. Ich wollte nur aufgrund der hohen Menge an Kokosraspelei auf das berühmte Schiff hinweisen – da der Kuchen ähnlich wie der Schokoriegel schmeckt.*

Kokosmeuterei

milchfrei

Zutaten für 12 Stück

Kokoscreme
200 g Kokosraspel
2 EL Speisestärke
200 ml Kokosmilch
2 Eier
100 g Puderzucker

Teig
2 Eier
100 ml Pflanzenöl
120 g Zucker
150 g Mehl

Topping 1 (fest & knackig)
100 g Kokosfett/ Kakaobutter
100 g Puderzucker
50 g Kakaopulver, entölt

Topping 2 (weich & cremig)
100 ml Kokosmilch
100 g Honig
50g Kakaopulver, entölt

Zubereitungszeit: 45 Minuten
Backzeit: 40–50 Minuten
175 °C (Umluft 150 °C)

1. Die Kokosraspel in einer Pfanne ca. 5 Minuten duftig rösten. Die Speisestärke mit einem Schneebesen daruntermischen und alles mit der Kokosmilch ablöschen. Die Kokoscreme zum Abkühlen zur Seite stellen.

2. Die Eier trennen, 1 Eigelb für den Teig zur Seite stellen und die Eiweiße steif schlagen. Dann unter ständigem Rühren den Puderzucker einrieseln lassen und 1 Eigelb unterrühren. Zuletzt den Eischaum vorsichtig mit der Kokoscreme vermischen und die Creme bis zur Verwendung kühl stellen.

3. Für den Teig die Eier und das übrige Eigelb mit Öl und Zucker 2 Minuten lang schaumig rühren, anschließend das Mehl unterheben. Das Ganze in eine mit Backpapier ausgelegte bzw. gefettete Kasten- oder Brownieform gießen.

4. Nun die Kokoscreme mit einem Löffel auf den Teig setzen und vorsichtig verstreichen. Dann geht's ab in den Ofen.

Für das Topping 1 das Kokosfett mit dem Puderzucker in einem Topf schmelzen und das Kakaopulver so unterrühren, dass ein glatter Guss entsteht. Die Glasur gleichmäßig über den abgekühlten Kuchen geben und in der Form fest werden lassen.

Für das Topping 2 die Kokosmilch mit dem Honig in einem Topf erwärmen und das Kakaopulver so unterrühren, dass ein glatter Guss entsteht. Die Glasur gleichmäßig über den abgekühlten Kuchen geben und in der Form fest werden lassen.

TIPP: Der Kuchen schmeckt auch mit weißer Kuvertüre richtig lecker, dann ist er natürlich nicht mehr milchfrei.

Das Rezept stammt ebenfalls von Bettys Mama und ist familienfeiererprobt. Mehr brauche ich dazu nicht zu sagen, oder?

Schmandtorte

Zutaten für 12 Stück

Teig
75 g kalte Butter
150 g Mehl
75 g Zucker
1 Prise Salz
1 Ei

Füllung
½ l Milch
200 g Zucker
2 Päckchen Vanillepudding
600 g Schmand (3 Becher)

Topping
3 Dosen Mandarin-Orangen
oder 2 Gläser Blaubeeren
(mein Favorit, alleine wegen der Farbkombi!)
1 Päckchen Tortengusspulver

Zubereitungszeit: 90 Minuten
Backzeit: 60 Minuten
175 °C (Umluft 155 °C)
Kühlzeit: 1 Stunde

1. Die Butter in Würfel schneiden und mit Mehl, Zucker, Salz und Ei rasch zu einem glatten Teig verkneten.

2. Ein Blatt Backpapier auf den Springformboden legen und mit dem Rand einklemmen. Für diesen Kuchen reicht es, wenn nur der Boden bedeckt ist.

3. Den Teig in etwa 2 Zentimeter dicke Scheiben schneiden und diese so in der Form verteilen, dass ein gleichmäßiger Boden und ein 2–3-fingerdicker Rand entsteht. Mit einer Gabel den Boden mehrmals einstechen, damit sich der Teig später beim Backen nicht aufplustern kann.

4. Für die Füllung etwas mehr als ¼ Liter Milch mit dem Zucker aufkochen. Puddingpulver mit der restlichen kalten Milch verrühren, dann erst in die heiße Milch geben und unter Rühren kurz aufkochen lassen. Topf vom Herd nehmen und den Schmand in die Puddingmasse rühren. Die noch heiße Masse vorsichtig in die Springform füllen und die Form sofort in den Ofen schieben. Nach Ende der Backzeit die Form herausnehmen, die Torte aus der Form lösen, auf einen Kuchenteller geben und abkühlen lassen.

5. Für das Topping das Obst über einem Sieb gut abtropfen lassen und den Saft in einer Schüssel auffangen. Den Obstsaft mit dem Tortengusspulver laut Packungsanweisung verrühren und kurz aufkochen lassen. Sollte es zu wenig Flüssigkeit sein, etwas Wasser zugeben.

6. Den Springformrand als Rahmen wieder um den Kuchen stellen. Dann die Früchte auf dem Kuchen verteilen und den Guss vorsichtig darübergießen.

7. Wenn das Topping fest ist, den Springformrand abnehmen – dann ist die Torte endlich zum Vernaschen bereit!

Die Inspiration zu diesem Kuchen war ein Dessert, welches ich in einem Berliner Restaurant gekostet habe. Ich habe daraus eine Art Mohn-Biskuit gemacht, der so schmeckt, als würde man sich mit einem großen Seufzer rückwärts in ein Feld aus Mohnblumen fallen lassen. Herrlich!

Fluffige Mohni

Zutaten für ca. 12 Stück

Teig
4 Eier
1 Prise Salz
60 g Puderzucker
60 g Vanillezucker (s. Seite 14)
110 g gemahlener Mohn
50 g Mehl
1 EL Zucker zum Bestreuen

Deko (Foto)
100 g weiße Schokolade
150 g süße Sahne
gehobelte Mandeln

Deko-Variante
4 EL Rosenlikör oder
Holunderblütensirup

Zubereitungszeit: 30 Minuten
Backzeit: 20 Minuten
175 °C (Umluft 155 °C)

1. Die Eier trennen und das Eiweiß mit dem Salz steif schlagen. Den Puderzucker sieben und beide Zuckersorten langsam unter Rühren einrieseln lassen. Dann die Eigelbe zum Eischnee geben und das Ganze cremig schlagen.

2. Den Mohn gut mit dem Mehl vermischen und (in 4 Portionen) vorsichtig mit dem Schneebesen unter die Eiercreme heben. Machen Sie dabei eine schöne runde Handbewegung, etwa so als würden Sie den Schaum vom Badewasser streicheln.

3. Den Teig in eine mit Backpapier ausgelegte rechteckige Form (24 x 24 cm) füllen. Mit Zucker bestreuen und in den Ofen schieben. Nach 15 Minuten den „Zahnstochertest" (siehe Seite 14) machen, damit der Kuchen nicht trocken wird. Den fertigen Kuchen vorsichtig aus der Form lösen und abkühlen lassen.

4. Für die Deko die Schokolade hacken und in der Sahne im Wasserbad schmelzen. Nicht kochen! Weiße Schokolade ist sehr sensibel und stockt gerne.

5. Den Kuchen quer halbieren und die Creme bis auf 3 Esslöffel auf dem unteren Kuchenstück verteilen. Den Deckel wieder auflegen. Die restliche Creme am Kuchenrand verteilen. Solange sie noch schön weich ist, die Mandelblättchen an den Rand kleben. Dies geht am besten, wenn der Kuchen erhöht steht und sich drehen lässt, zum Beispiel auf einem Tortenständer oder einem umgedrehten Topf. Am besten von unten nach oben arbeiten.

6. Servieren Sie den Kuchen mit frischen Früchten, wie Erdbeeren, Johannis- oder Brombeeren, die Sie mit etwas Puderzucker süßen können.

Deko-Variante: Den Kuchen mit dem Likör oder dem Sirup beträufeln – fertig!

TIPP: Besonders Mutigen empfehle ich dazu ein Kompott von Roter Bete: Hierfür 2–3 kleine Knollen in klitzekleine Stückchen schneiden und in einem Topf knapp mit Wasser bedeckt sowie 3–4 Esslöffel Gelierzucker 5 bis 10 Minuten einkochen, je nachdem wie knackig die Roten Bete sein sollen.

„Zu Geburtstagen darf man sich ja immer einen Kuchen wünschen. Bei mir war das immer Bananenkuchen. Die leckere Süßigkeit ist allerdings im Laufe der Jahre bei mir völlig in Vergessenheit geraten, bis ich eines Tages in Sydney, also am anderen Ende der Welt, in einer Bäckerei IHN entdeckte. Da stand er nun, zwischen all den Kalorienbömbchen – der Bananentheo – hielt tapfer seine „Low Fat-Fahne" nach oben und hatte schon wieder mein Herz erobert."

Theos Traum

milchfrei

Zutaten für 12 Stück

Teig
3–4 reife Bananen
2–3 Eier (je nach Größe)
175 ml Zuckerrübensirup
250 g Dinkelmehl
30 g Puderzucker
100 g geriebene Walnüsse oder Kokosraspel

Zubereitungszeit: 30 Minuten
Backzeit: 50 Minuten
160 °C (Umluft 140 °C)

1. Die Bananen schälen, klein schneiden und pürieren. Am besten geht das mit einem Pürierstab. Falls keiner vorhanden ist, eignet sich auch eine Gabel oder ein Kartoffelstampfer.

2. Die Eier trennen und das Eigelb mit dem Sirup gut verrühren.

3. Das Mehl portionsweise und im Wechsel mit dem Bananenpüree in die Ei-Sirup-Masse einrühren.

4. Das Eiweiß steif schlagen. Den Puderzucker sieben und nach und nach einrühren. Den fertigen Eischnee vorsichtig zusammen mit den Nüssen unter den Teig heben.

5. Nun den Teig in eine gefettete Backform füllen und backen.

TIPP: Ich persönlich bevorzuge für den Bananenkuchen meine Herzform – als Ode an meine Geburtstagserinnerung. Wenn Sie den Teig in Muffinförmchen füllen wollen, verkürzt sich die Backzeit natürlich auf ca. 20 Minuten.

einfach SPEKTAKULÄR

Das ist mein absolutes Lieblingskapitel! Cupcakes, Muffins und allerlei andere süße Miniaturen sind für mich die Diamanten unter den Torten und Kuchen. Wie Schmuckstücke können Sie jede Situation aufwerten. Als Geschenk für andere oder auch mal nur für sich selbst. Wie Pralinen stehen sie für DAS Besondere und lassen mein Herz immer höher schlagen.

Muffins sind für mich die schnellste und einfachste Art, etwas zu Backen. Das Grundrezept schmeckt pur schon wirklich lecker, aber man kann sich natürlich damit fantastisch und kreativ austoben, wie Sie auf den nächsten Seiten sehen werden.

Muffins (Grundrezept)

Zutaten für 12 große Muffins

Teig
250 g Butter
250 g Zucker
4 Eier
1 Eigelb
250 g Mehl

Zubereitungszeit: 40 Minuten
Backzeit: 20 Minuten
190 °C (Umluft 170 °C)

1. Die Butter mit dem Zucker schaumig rühren, dann die Eier unter ständigem Rühren dazugeben. Zuletzt kommt das Mehl in die Schüssel und wird so lange untergerührt, bis ein glatter Teig entstanden ist.

2. Den Teig vorsichtig in ein mit Papiermanschetten ausgelegtes Muffinblech oder in Muffin-Silikonförmchen geben. Die Förmchen nie ganz füllen, da der Teig beim Backen aufgeht.

3. Backen! Zum Prüfen, ob die Muffins gar sind, den „Zahnstochertest" (siehe Seite 14) machen. Bleibt etwas Teig am Holz kleben, müssen die Muffins noch backen.

TIPP: Nehmen Sie die Muffins so schnell wie möglich aus der heißen Form, sonst backen die Küchlein weiter und werden zu trocken – das gilt für alle Rezepte.

Dieses Rezept ist – wie viele andere auch – per Zufall entstanden. Und ich meine hier wirklich „zu-Fall". Ich war zu Besuch bei einer Freundin im Schrebergarten. Die hatte gerade Erntezeit, und so konnte ich frische Pflaumen und Äpfel in Bioqualität abstauben.

Pflaumen-Apfel-Muffins

Zutaten für 12 große Muffins

Teig
1 Portion Muffingrundteig
2 kleine Äpfel (z. B. Boskop, Cox Orange)
1 Handvoll Pflaumen oder Zwetschgen
1 EL Mehl
½ TL Zimtpulver

1. Den Teig wie im Grundrezept zubereiten.

2. Äpfel schälen, vom Kernhaus befreien und das Fruchtfleisch in Stifte schneiden. Die Pflaumen waschen, entkernen, das Fruchtfleisch vierteln und zu den Apfelstiften geben. Das Obst mit Mehl und Zimtpulver „panieren" und unter den Teig heben, dabei alle Obststücke gut mit Teig bedecken, sonst verbrennen sie beim Backen und werden bitter. Wie im Grundrezept beschrieben backen.

TIPP: Um die Muffins zu „pimpen", probieren Sie dieses Frosting: 150 Gramm Frischkäse, 60 Gramm Puderzucker und Saft einer halben Zitrone mischen, einen halben Becher Sahne steif schlagen, unterheben und mit einem Spritzbeutel auf den Muffins verteilen.

> *Ich liebe Aprikosen. Mit ihrem weichen Fell haben sie etwas niedliches, und man möchte sie wie ein Stofftierchen knuddeln. Diese Muffins mit dem vanilleduftigen knusprigen Mützchen sind eine Wucht. Das Gute-Laune-Rezept – selbst wenn draußen die Farbkombi grau in grau vorherrscht.*

Aprikosen-Streusel-Muffins

Zutaten für 12 große Muffins

Teig

1 Portion Muffingrundteig
2 Tropfen Bittermandelaroma
12–16 Aprikosen (ca. 600 g)
1 EL Mehl

Streusel

1 Vanilleschote
100 g Mehl
1 Prise Salz
50 g brauner Zucker
60 g kalte Butter

1. Den Teig wie im Grundrezept zubereiten, das Bittermandelaroma einrühren.

2. Die Aprikosen waschen, trocknen, entkernen und in kleine Stückchen schneiden. Mit Mehl panieren – so lassen sie sich besser mit Teig bedecken – und in den Teig rühren. Dann ab damit ins Muffinförmchen.

3. Das Vanillemark aus der Schote kratzen und zusammen mit Mehl, Salz, Zucker und Butter rasch zu einer krümeligen Masse verkneten. Streusel auf den Teig krümeln und wie beschrieben backen.

TIPP: Tauschen Sie im Streuselteig 40 Gramm Mehl gegen geriebene Mandeln aus, dann wird die Mütze besonders knackig und nussig.

> *Die Kombination aus herber Säure und süßem Vanilleteig ist göttlich. Deshalb wundert es mich, wieso es solche Muffins nicht im Laden zu kaufen gibt. Aber zum Glück haben Sie ja das Rezept!*

Cranberry-Muffins

Zutaten für 12 große Muffins

Teig

1 Portion Muffingrundteig
1 Vanilleschote
2 Handvoll frische Cranberrys (150–200g)

1. Den Teig wie im Grundrezept zubereiten.

2. Das Vanillemark aus der Schote kratzen und zusammen mit den gut gewaschenen Cranberrys unter den Teig heben. Teig in die Muffinförmchen verteilen und wie im Grundrezept beschrieben backen.

Variante: Rühren Sie 150 Gramm gehackte weiße Schokolade unter den Teig.

TIPP: Das Rezept funktioniert natürlich auch prima mit Blaubeeren. Da man diese frisch allerdings oft nur als Kulturbeeren mit geschmacklosem hellem Inneren bekommt, bevorzuge ich die Cranberry-Version.

Die Schwarzwälder Kirschtorte ist eine der berühmtesten und leckersten Torten überhaupt. Daran kann man eigentlich nichts verbessern. Aber man kann die Grundidee klauen und einen leckeren schnuckligen Cupcake daraus machen.

Schwarzwäldle

Zutaten für 12 Muffins

Teig
200 g weiche Butter
200 g Zucker
4 Eier
200 g Mehl
50 g Kakao
1 Prise Salz

Füllung
1 Glas Kirschen (Schattenmorellen)
3 EL Speisestärke

12 TL Kirschwasser

Topping
200 g Quark
50 g Puderzucker
200 g süße Sahne (1 Becher)

Deko
dunkle Raspelschokolade

Zubereitungszeit: 35 Minuten
Backzeit: 20 Minuten
150 °C (Umluft 130 °C)

1. Die Butter mit dem Zucker schaumig rühren, dann die Eier unter ständigem Rühren dazugeben. Mehl, Kakaopulver und Salz mischen und anschließend unter den Teig heben. Die Hälfte des Teiges auf ein mit Papiermanschetten ausgelegtes Muffinblech oder in Muffin-Silikonförmchen verteilen.

2. Kirschen gut abtropfen lassen und den Saft dabei auffangen. Dann etwa ½ Tasse Kirschsaft mit der Speisestärke verquirlen, kurz aufkochen und die Kirschen, bis auf 12 besonders hübsche Deko-Exemplare, hinzugeben. Die Kirschfüllung auf den Muffinteig in den Förmchen geben. Anschließend mit der zweiten Hälfte des Teiges bedecken. Ab damit in den Ofen!

3. Für das Topping den Quark mit dem Puderzucker verrühren, die Sahne nicht ganz steif schlagen, vorsichtig unter die Quarkmasse heben und bis zur Weiterverarbeitung kühl stellen.

4. Zum Prüfen, ob die Muffins gar sind, den „Zahnstochertest" (siehe Seite 14) machen. Sobald sie fertig gebacken sind, aus dem Ofen holen und etwa 10 Minuten abkühlen lassen. Dann jeweils mit 1 Teelöffel Kirschwasser beträufeln und ganz abkühlen lassen.

5. Die Quark-Sahne-Creme in einen Spritzbeutel füllen und auf die abgekühlten Cupcakes jeweils eine großzügige Haube setzen. Obendrauf eine Deko-Kirsche, ein paar Schokoraspel – fertig ist das Schwarzwälder Törtle.

TIPP: Wenn Sie keine Milch vertragen, können Sie die Cupcakes mit Margarine backen und mit Sojasahne dekorieren. Dazu einfach 1 Packung Sojasahne (250 ml) mit etwas Sahnesteif und Puderzucker aufschlagen. In einen Spritzbeutel füllen und statt mit Schokostreuseln einfach mit etwas dunklem Kakaopulver bestäuben.

Rezept auf Seite 61 abgebildet.

„Das erste Mal wurde ich mit Mayonnaise-Kuchen bei Cynthia Barcomi konfrontiert. Pfui, igitt, dachte ich – aber: Ich war so mutig, hab' sie probiert und musste mir eingestehen, dass Mayonnaise dem Kuchen tatsächlich eine super Textur verleiht. Saftig, fest und keinesfalls ekelig. Klar, sind ja auch genau die Sachen drin, die auch in einen Kuchen gehören. Ich werde dennoch nicht jeden Kuchen damit backen, aber meinen Schoko-Minz-Cupcakes verleiht die Mayo das gewisse Etwas! Amerikanische Rezepte enthalten mehr Mayo, meines ist was für Einsteiger und mit der frischen Minz-Mütze wahrlich eine Einladung zum Knutschen."

Küss-mich-Cupcakes

Zutaten für 12 Cupcakes

Teig
200 g Zucker
50 ml Sonnenblumenöl
1 Ei
100 g Mayonnaise
180 g Mehl
50 g ungesüßtes Kakaopulver
½ Päckchen Backpulver
bis zu 100 ml lauwarmes Wasser
1 Handvoll frische Pfefferminzblätter
100–150 g Pfefferminzschokolade mit softer Minzfüllung (z. B. von Alnatura)

Frosting klassisch
80 g warme Butter
250 g Puderzucker
3–4 Tropfen Pfefferminzöl oder 3–4 zerstoßene Pfefferminzbonbons
evtl. 25 ml Milch

Frosting schokoladig
200 g weiße Lindor-Kugeln
100 g süße Sahne
4–5 Tropfen Pfefferminzöl oder 4–5 zerstoßene Pfefferminzbonbons

Deko
12 Schoko-Minz-Stäbchen

Zubereitungszeit: 60 Minuten
Backzeit: 20 Minuten
180 °C (Umluft 160 °C)

1. Zucker, Öl und Ei gut verquirlen, dann die Mayonnaise unter ständigem Rühren löffelweise einrühren. Mehl, Kakao und Backpulver mischen und ebenfalls unter Rühren zugeben. Das lauwarme Wasser angießen, bis eine zähflüssige Masse entsteht.

2. Die Pfefferminzblätter waschen, trockenschütteln und ein paar Blättchen für die Deko beiseitelegen. Den Rest mit einem scharfen Messer sehr fein hacken. Die Schokolade vorsichtig in Stücke brechen, so dass die einzelnen „Minz-Kabinen" ganz bleiben und erst während des Backens mit dem Teig verschmelzen.

3. Die Schokostücke und die gehackte Minze gut mit dem Teig vermischen und diesen in Muffinförmchen füllen. Dann geht es ab in den Ofen.

4a. Frosting klassisch
Das klassische Minz-Frosting kommt der weichen Füllung der Schokolade näher. Dazu die Butter schaumig rühren und nach und nach den Puderzucker und 2 Tropfen des Pfefferminzöls oder 2 bis 3 zerstoßene Pfefferminzbonbons dazugeben. Sobald die Masse fest wird, etwas Milch zufügen. Sind alle Zutaten glatt gerührt, abschmecken und bei Bedarf noch 1–2 Tropfen des Öls oder ein zerstoßenes Bonbon mehr hinzugeben. Die Creme weitere 3–4 Minuten schaumig schlagen, bevor Sie sie auf die Cupcakes streichen.

4b. Frosting schokoladig
Hierfür die Sahne bei mittlerer Hitze erwärmen und die Schokokugeln vorsichtig darin schmelzen. Die Schoko-Sahne mit Minzöl oder Bonbons abschmecken und kurz und kräftig aufschlagen, aber nicht zu lange (etwa 30 Sekunden), sonst wird die Creme krümelig. Dann ab damit auf die Cupcakes!

5. Jedes Törtchen bekommt nun noch 1 Schoko-Minz-Stäbchen. Dieses einfach in der Mitte durchbrechen und in das Frosting stecken. Ein paar frische Minzblättchen geben den Törtchen den letzten Schliff.

*Wie das Eis von Häagen Dasz:
flauschig, cremig, lecker.
Reinbeißen, genießen, Klappe halten.
Ohne Worte. ☺*

Banoffeas

Zutaten für 12 Cupcakes

Teig
2 reife Bananen
50 g Bananenchips
2 Eier
120 g weiche Butter
200 g gezuckerte Kondensmilch (½ Dose)
200 g Mehl
1 Prise Salz
6 EL brauner Zucker
100–150g weiche Karamellen/Fudge (am besten sind die günstigen No-Names aus dem Drogeriemarkt, die zerlaufen herrlich, geeignet sind aber auch die weichen Werther's Echte)

Frosting
200 g gezuckerte Kondensmilch
70 g Butter
3 EL Puderzucker
1 Vanilleschote
200 g Mascarpone

Deko
12–24 Bananenchips

Zubereitungszeit: 60 Minuten
Backzeit: ca. 20 Minuten
175 °C (Umluft 155 °C)

1. Die Bananen schälen und das Fruchtfleisch mit dem Pürierstab mixen oder mit einer Gabel zu einem Brei zerdrücken. Die Bananenchips im Mixer fein mahlen. Die Eier trennen und das Eiweiß zur Seite stellen. Die Butter mit der Kondensmilch und dem Eigelb schaumig schlagen, nach etwa 3 Minuten das Mehl, die zerdrückten Bananen und die gemahlenen Bananenchips unterrühren.

2. Das Eiweiß mit dem Salz steif schlagen, Zucker dazugeben und alles noch etwa 1 Minute weiterschlagen. Den Eischnee zusammen mit den Karamellen vorsichtig unter den Bananenteig heben.

3. Den Teig vorsichtig in ein mit Papiermanschetten ausgelegtes Muffinblech oder in Muffin-Silikonförmchen geben und ab in den Ofen.

4. Kurz vor Ende der Backzeit den „Zahnstochertest" (siehe Seite 14) machen, um zu prüfen, ob die Cupcakes gar sind. Sobald sie fertig gebacken sind, aus dem Ofen holen und abkühlen lassen.

5. In der Zwischenzeit das Frosting zubereiten: Die Kondensmilch mit Butter und Puderzucker 5–10 Minuten kochen. Sobald die Flüssigkeit bräunlich und cremig wird, die Toffeecreme zum Abkühlen in eine Schüssel füllen.

6. Das Vanillemark aus der Schote kratzen und gründlich mit dem Mascarpone verrühren, so dass eine geschmeidige Vanillecreme entsteht. Diese unter die Toffeecreme heben.

7. Auf die abgekühlten Cupcakes einen großzügigen Klecks Frosting geben und mit Bananenchips dekorieren.

TIPP: Der Aufwand fürs Frosting lohnt sich wirklich. Aber wenn Ihnen die Toffeecreme zu umständlich ist, gibt es eine einfachere Alternative: Verrühren Sie 200 Gramm Mascarpone mit 100 Gramm gemahlenen Bananenchips und fügen 100 Gramm klein geschnittene Karamellbonbons dazu.

Bei diesen Cupcakes ist die Urlaubsstimmung auf der nächsten Gartenparty garantiert! Mohn-Sommersprossen, gepaart mit frischen Zitrusaromen, machen einfach gute Laune!

Sommersprossen-Cupcakes

Zutaten für 12 Cupcakes

Topping
4 EL flüssiger Honig
250 g Quark (mind. 40 % Fett)

Teig
1 unbehandelte Zitrone
200 g weiche Butter
200 g Vollrohrzucker oder brauner Zucker
4 Eier
220 g Mehl
8 EL Mohn

4 EL Puderzucker

Deko
1 Pampelmuse (am besten Pink Grapefruit)
12 Holz-Zahnstocher
12 Blätter Zitronenmelisse
4 EL flüssiger Honig

Zubereitungszeit: ca. 40 Minuten
Backzeit: 17 Minuten
190 °C (Umluft 170 °C)

1. Zuerst für das Topping den Honig mit dem Quark verrühren und bis zur Weiterverarbeitung kühl stellen.

2. Die Zitrone waschen, trocknen und zur Hälfte abreiben, anschließend den Saft auspressen. Die Butter mit dem Zucker schaumig schlagen, nach und nach die Eier zugeben und alles noch etwa 2 Minuten weiterschlagen. Das Mehl mit der abgeriebenen Zitronenschale und dem Mohn vermengen und unterheben. Anschließend die Hälfte des Zitronensaftes gut einrühren.

3. Den Teig auf ein mit Papiermanschetten ausgelegtes Muffinblech oder in Muffin-Silikonförmchen verteilen. Dann geht es ab in den Ofen!

4. Zum Prüfen, ob die Muffins gar sind, den „Zahnstochertest" (siehe Seite 14) machen. Sobald sie fertig gebacken sind, aus dem Ofen holen und etwa 5 Minuten abkühlen lassen. Den restlichen Zitronensaft mit dem Puderzucker vermischen und über die lauwarmen Küchlein gießen.

5. Für das Topping die gut gekühlte Quark-Honig-Mischung mit einem Esslöffel wie eine Welle auf den nun erkalteten Cupcakes verteilen.

6. Die Pampelmuse schälen, dabei möglichst viel von der weißen Haut entfernen. Nun die Filets herauslösen (je nach Größe der Filets sollten es 1 bis 2 pro Cupcake sein) und wie ein Boot mit der breiten Unterseite auf die Quarkwelle legen. Jeweils einen Zahnstocher in ein Blatt Melisse stecken, sodass das Ganze wie ein Segel aussieht. Das „Boot" mit dem Melissensegel fixieren. Zuletzt etwas Honig darüber träufeln.

TIPP: Dazu passt am besten ein Aperol-Spritz oder – der Uralt-Klassiker – Sekt mit Zitronensorbet!

> *Mit diesen Cupcakes backen Sie alle an die Wand! Die Pastinaken lassen die Küchlein saftig werden wie ein Picknick im Freien, und das Waldmeister-Frosting ist so außergewöhnlich frisch wie Maibowle in der Abendsonne. Da soll noch mal einer sagen, Emanzipation und Küche passen nicht zusammen. Wer braucht schon einen edlen Retter, wenn er mit diesen hübschen Köstlichkeiten die Schwiegermutter vor Neid erblassen lässt oder den Wolf ... Egal.*

Rotkäppchens Rettung

Zutaten für 12 Cupcakes

Teig
200 g Pastinaken
100 g Mandelstifte
180 g weiche Butter
200 g Vollrohrzucker
3 Eier
200 g Vollkornmehl
1 TL Natron oder Backpulver
1 Prise Muskatnuss

Frosting
1 unbehandelte Limette
100 g Frischkäse
100 g süße Sahne
5–6 EL Waldmeistersirup
grüne Speisefarbe in Gelform
150 g Puderzucker

Deko
12 schwarze Amarenakirschen oder glasierte grüne Kirschen

Zubereitungszeit: 45 Minuten
Backzeit: 20 Minuten
175 °C (Umluft 155 °C)

1. Die Pastinaken schälen und raspeln. Die Mandelstifte in einer Pfanne ohne Fett goldbraun rösten.

2. Die Butter mit dem Zucker schaumig schlagen, nach und nach die Eier zugeben und alles noch etwa 2 Minuten weiterschlagen. Zuerst das Mehl mit dem Backpulver und dem Muskat vermischen und unterheben. Dann die geraspelten Pastinaken und die Mandelstifte einrühren.

3. Den Teig vorsichtig in ein mit Papiermanschetten ausgelegtes Muffinblech oder in Muffin-Silikonförmchen geben.

4. Zum Prüfen, ob die Cupcakes gar sind, den „Zahnstochertest" (siehe Seite 14) machen. Sobald sie fertig gebacken sind, aus dem Ofen holen und gut abkühlen lassen.

5. Für das Frosting die Limette waschen, trocknen und etwa ½ TL Schale abreiben. Den Frischkäse mit der Sahne, dem Sirup und etwas Lebensmittelfarbe gut miteinander verquirlen. Puderzucker und die Limettenschale dazugeben und so lange rühren, bis die Konsistenz fester wird.

6. Das Frosting bis zur Weiterverarbeitung kühl stellen. Dann in einen Spritzbeutel füllen und eine großzügige Haube auf jeden Cupcake spritzen und als Krönung eine Kirsche oben draufsetzen.

TIPP: Am coolsten sehen schwarze Amarenakirschen aus. Noch dazu sind sie extrem lecker und bilden einen tollen geschmacklichen Kontrast zum Frosting. Alternativ nehmen Sie glasierte grüne Kirschen oder Schokoblätter aus dunkler Schokolade und färben das Frosting mit Lebensmittelfarbe in schickem „Jägerhut-Grün" ein.

„Als Soufflé-Fan möchte ich Ihnen diese beiden Rezepte nicht vorenthalten. Sie sind einfach und schnell zuzubereiten und schmecken superlecker!"

Kokos- oder Bananenwölkchen

gluten- und milchfrei

Zutaten für 4 Soufflés

Teig
2 Eier
5 EL Puderzucker (bei der Bananenvariante nur 4 EL)
6 EL Kokosmilch
2 gehäufte EL geriebene Mandeln
6 EL Kokosraspel oder 1 reife Banane

Sonnenblumenöl und Zucker für die Förmchen (ich empfehle braunen Zucker oder Puderzucker)

Zubereitungszeit: 25 Minuten
Backzeit: 20 Minuten
190 °C (Umluft 170 °C)

1. Den Ofen unbedingt vorheizen.

2. Die Eier trennen. Das Eiweiß steif schlagen und den Puderzucker unter Rühren nach und nach hinzugeben.

3. Das Eigelb mit der Kokosmilch verquirlen. Mandeln und Kokosraspel (oder die Banane geschält und püriert) untermischen.

4. Zuletzt den Eischnee vorsichtig unter die Kokosmasse heben. Den Teig in gefettete, gezuckerte Soufflé-Förmchen geben und sofort im vorgeheizten Ofen goldbraun backen.

TIPPS: Dazu passt Schokoladeneis oder eine schnelle Schokosauce. Hierfür schmelzen Sie dunkle milchfreie Schokolade mit etwas Kokosfett (im Verhältnis 4:1) in einer beschichteten Pfanne.

Die Mandeln lassen sich auch durch Kokosmehl, Speisestärke oder ungesüßtes Kakaopulver ersetzen.

> *Für mich sind solche kleinen Küchlein das absolute Mädchen-Kaffeeklatsch-Essen. Genauso wie bei Cupcakes kann man wegen der handlichen Größe die Kalorien hervorragend ignorieren und sich stattdessen auf die wichtigen Dinge des Lebens konzentrieren: Klatsch und Tratsch. Sie können sich also ruhig schon während des Backens die Wartezeit mit einer bunten Zeitschrift verkürzen.*

Mini-Apple-Pies

Zutaten für 6 Mini-Pies

1 Glas (Durchmesser ca. 6-8 cm) zum Ausstechen

Teig
150 g kalte Butter
250 g Mehl
1 TL Salz
evtl. 1 EL kaltes Wasser

Füllung
1 Glas Apfelkompott (mit Stückchen)
½ TL Zimtpulver
1 Prise Sternanis

bei Bedarf:
Zucker und/oder 24 Rosinen oder Sultaninen

Zubereitungszeit: 35 Minuten
Backzeit: 20-25 Minuten
175 °C (Umluft 155 °C)

1. Butter, Mehl und Salz rasch zu einem glatten Teig verkneten. Je nach Konsistenz 1 Esslöffel kaltes Wasser zugeben, damit der Teig geschmeidiger wird.

2. Den Teig in ein größeres Stück (für die Böden) und ein kleineres Stück (etwas weniger als die Hälfte der Gesamtmenge für die Deckel) aufteilen. Das größere Teigstück in 6 Teile schneiden. Diese mit dem Nudelholz ausrollen und damit die jeweils gefetteten Mini-Pie-, Souffléförmchen oder ein halbes Muffinblech auskleiden.

3. Das Apfelkompott mit Zimtpulver und Sternanis würzen und mit einem Löffel auf den Teig in die Förmchen geben. **Tipp:** Ich persönlich mag es nicht, wenn Piefüllungen zu süß sind, daher halte ich mich bei vorgesüßtem Kompott zurück. Sie können aber natürlich nach Belieben nachsüßen. Rosinen sind nicht jedermanns Sache. Sind Sie den kleinen Früchtchen jedoch nicht abgeneigt, mischen Sie pro Pie 3–4 Rosinen oder Sultaninen unter das Kompott.

4. Für die Pie-Deckel aus dem verbliebenen Teig eine lange „Wurst" formen und mit dem Nudelholz ausrollen. Am besten geht das auf Frischhaltefolie und mit etwas Mehl. Mit einem Glas passend zur Größe der Förmchen große runde „Deckel" ausstechen, eventuell mit einem Messer nachschneiden. (Ich besitze eine runde Plätzchenausstechform, die zufällig die richtige Größe hat!)

5. Die Teigdeckel am Rand mit etwas Wasser befeuchten, auf die Pies legen und die Ränder leicht andrücken. In jeden Deckel 1–2 kleine Löcher stechen, damit die heiße Luft, die beim Backen entsteht, entweichen kann. Ab damit in den Ofen. Die letzten 5–10 Minuten etwas Alufolie darüberlegen.

TIPP: Das Apfelkompott können Sie natürlich auch selbst machen. Dazu einfach 2–3 Äpfel (zum Beispiel Boskop, Cox Orange...) schälen, das Kernhaus entfernen und das Fruchtfleisch würfeln. Mit 1 Tasse Wasser, ½ Sternanis, 1 Zimtstange und 3–4 Esslöfffel Zucker kurz aufkochen. 1 Esslöffel Speisestärke in kaltem Wasser auflösen und zugeben. Erneut aufkochen – fertig!

Woopies sind Doppeldecker (die Beschaffenheit liegt zwischen Keks und Kuchen) mit cremiger Füllung. Je nach dem wie groß man sie gestaltet, können Sie eine Hauptmahlzeit ersetzen. ☺

Erdnuss-Woopies

Zutaten für 15 Doppeldecker

Teig
200 g Erdnussbutter
1 Ei
125 g weiche Butter
2 EL Honig
100 g Puderzucker
1 TL Salz
100 g Mehl

Füllung
150 g Erdbeermarmelade ohne Stückchen
150 g Erdnussbutter

Zubereitungszeit: 30 Minuten
Backzeit: 10 Minuten
175 °C (Umluft 155 °C)

1. Den Ofen unbedingt vorheizen.

2. Die Erdnussbutter kurz mit dem Ei verrühren. Dann die Butter zugeben und alles für etwa 2 Minuten schaumig schlagen. Honig, Puderzucker und Salz hinzufügen und mehrere Minuten lang weiterrühren. Dann das Mehl vorsichtig darunterheben.

3. Jetzt kommt das vorerst Beste: Testen, ob der rohe Teig salzig genug ist. Wie Sie mittlerweile sicher bemerkt haben, liebe ich die Kombination aus salzig und süß. Wenn Sie meine Meinung teilen, geben Sie ½ Teelöffel Salz mehr dazu!

4. Nun den Teig mit 2 Teelöffeln auf ein mit Backpapier ausgelegtes Blech „klecksen" und im vorgeheizten Backofen backen. Die Kleckse sollten etwa walnussgroß sein und genügend Abstand zueinander halten, da sie beim Backen etwas auseinanderlaufen. **Tipp:** Ich verteile 14 Kleckse pro Blech und backe die Bleche nacheinander, damit ich den Garpunkt nicht verpasse. Die Kekse backen „in sich" noch etwas nach, daher sollte man sie unbedingt vorsichtig vom Blech nehmen, sobald sie goldbraun sind und auf einem Kuchengitter vollständig abkühlen lassen.

5. Für die Füllung die Marmelade mit der Erdnussbutter nicht zu gründlich verrühren, damit beide Komponenten noch zu sehen sind. Jeweils zwei Kekse mit einem großen Klecks Füllung zusammensetzen – fertig.

TIPP: Lecker schmecken die Erdnuss-Woopies auch, wenn Sie statt Marmelade Schokoladencreme oder Honig verwenden.

einfach NOSTALGISCH

Das ist mein absolutes Lieblingskapitel! Die Posterhelden meiner Teenagerzeit sind inzwischen erwachsen geworden. Die kulinarische Erinnerung schmeckt aber immer noch süß. Schokoriegel, Karamellbonbons oder Zitronen-Buttermilcheis … Egal, wie schnell die Zeit vergeht, für's Verrückt-sein gönne ich mir gerne eine Pause.

> *„Stachelbeer-Torte gehört zu meinen Kindheitsfavoriten, aber die meisten heutigen Konditoreien bringen meine Geschmacksnerven nicht mehr zum Tanzen. Also musste eine einfache und gute Lösung her. Diese Torte kommt heraus, wenn die „Mohrenkopftorte" die Stachelbeere küsst."*

Stachel-Kuss-Torte

Zutaten für 12 Stück

Teig
3 Eier
1 Prise Salz
50 g Puderzucker
50 g Zucker
60 g Mehl
25 g Speisestärke

Füllung
1 Glas Stachelbeeren (ca. 400 g)
12 große Schokoküsse
(wenn Sie weiße Küsse bekommen, nehmen Sie die, ansonsten die Klassiker in dunkel)
300 g Joghurt
200 g süße Sahne (1 Becher)
evtl. 3 frische Stachelbeeren als Deko

Zubereitungszeit: 45 Minuten
Backzeit: 25 Minuten
175 °C (Umluft 155 °C)
Kühlzeit: mind. 60 Minuten

1. Den Ofen unbedingt vorheizen.

2. Die Eier trennen. Zunächst das Eiweiß mit dem Salz steif schlagen und unter ständigem Rühren den Puderzucker dazugeben. Dann die Eigelbe in einer zweiten Schüssel mit dem Zucker schaumig schlagen. Das Mehl mit der Speisestärke über die Schaummasse sieben und zusammen mit dem Zucker-Eischnee vorsichtig unterheben.

3. Den Teig in eine mit Backpapier ausgelegte Springform füllen und backen. Damit der Kuchen nicht zu trocken wird, kurz vor Ende der Backzeit den „Zahnstochertest" (siehe Seite 14) machen. Den fertigen Biskuit mit einem Messer vom Rand lösen, auf ein Kuchengitter stürzen und komplett abkühlen lassen.

4. Die Stachelbeeren in einem Sieb gut abtropfen lassen und auf dem Biskuitboden verteilen.

5. Die Waffelböden von den Schokoküssen sauber mit einem Messer abtrennen und für die Deko beiseitelegen. Die Schaummasse in eine große Schüssel geben und mit einer Gabel zerdrücken. Dann den Joghurt hinzufügen und unterrühren. Die Sahne nicht ganz steif schlagen und vorsichtig unter die Masse heben. Nun die Füllung kuppelförmig auf dem Biskuit verteilen und die Torte für mindestens 1 Stunde kühl stellen.

6. Für die Deko könnten Sie die übrig gebliebenen Waffelböden der Schokoküsse verwenden. Einfach in der Mitte auseinanderschneiden und die Hälften wie Schmetterlingsflügel paarweise am Tortenrand entlang in die Creme stecken. Die frischen Stachelbeeren waschen, trocknen, vierteln und je ein Viertel als „Körper" in die Mitte der Waffelschmetterlinge dekorieren.

TIPP: Natürlich reicht eine Packung Schokoküsse, also 9 Stück, aus. Aber wie wollen Sie während des Backens schon mal vorab einen Kuss naschen, wenn die Zutaten zu knapp berechnet sind? ☺

> *Dieser Käsekuchen schmeckt, als würde man von einer überaus gut gelaunten Zitrone eine liebevolle Ohrfeige erhalten! Auf gut deutsch: es lohnt sich! Für den zitronigen Geschmack wird Lemon Curd verwendet, eine Art englische Zitronenmarmelade. Ja, es ist nicht alles schlecht aus Großbritannien.*

Frecher Zitronen-Käsekuchen

Zutaten für 12 Stück

glutenfrei

Teig
100 g Butter
150 g gemahlene Haselnüsse
100 g gehackte Haselnüsse
70 g brauner Zucker

Füllung
3 kleine Eier
250 g brauner Zucker
500 g Quark
175 g Frischkäse
200 g saure Sahne (1 Becher)

Topping
300 g Lemon Curd

Zubereitungszeit: 40 Minuten
Backzeit: 40 Minuten
160 °C (Umluft 140 °C)

Lemon Curd
1 unbehandelte Zitrone
2 Eier
150 g Puderzucker
50 g kalte Butter

Zubereitungszeit: 25 Minuten

1. Die Butter schmelzen und zusammen mit den Nüssen und dem Zucker zu einem Teig verkneten. Den Teig als Boden in eine mit Backpapier ausgelegte Springform legen und in den Kühlschrank stellen.

2. Für die Füllung Eier und Zucker etwa 3 Minuten lang schaumig rühren. Dann nacheinander den Quark, den Frischkäse und die saure Sahne langsam einrühren. Die Quarkmasse gleichmäßig auf den Teigboden streichen.

3. Lemon Curd über die Quarkmasse gießen und mit einer Gabel kleine Wirbel in die Oberfläche ziehen, so dass sich Lemon Curd und Quarkmasse vermengen, aber nicht vermischen. Den Kuchen backen und vollständig abkühlen lassen. Aus der Form nehmen und bis zum Servieren in den Kühlschrank stellen, denn am besten schmeckt er schön kalt.

TIPP: Lemon Curd erhalten Sie im gutsortierten Supermarkt. Hier ist mein Rezept, falls Sie die englische Zitronenmarmelade nicht finden sollten.

Lemon Curd: Die Zitrone waschen, trocknen und die Schale abreiben. Den Saft auspressen, dabei das Fruchtfleisch auffangen. Die weiche, weiße Schale in kleine Stückchen schneiden.

Eier und Zucker in eine weite, hitzebeständige Schüssel geben und schaumig schlagen. Dann, wie bei der Mayonnaiseherstellung, den Zitronensaft in einem dünnen Strahl unter ständigem Rühren dazu geben. Das Fruchtfleisch und die Schalenstückchen einrühren.

Nun die Rührschüssel über ein heißes Wasserbad stellen – die Schüssel darf das Wasser aber nicht berühren, sonst haben Sie Zitronenspiegelei. Die Zitronenschale zugeben und auf mittlerer Stufe weiterrühren. Nach etwa einer Viertelstunde verliert die Masse die milchige Optik und wird dickflüssiger. Dann die Schüssel vom Wasserbad nehmen und die kalte Butter in kleinen Würfeln mit einem Schneebesen in schnellen Bewegungen unter die Masse rühren.

Anders als in den heutigen amerikanischen Serien durfte man in meiner Teenagerzeit noch ungestraft die Aufnahme von Kohlenhydraten im TV zeigen. Im „Double R Diner" von „Twin Peaks" gab es den schnuckligen Dale B. Cooper und Kirschkuchen, im Peachpit in „Beverly Hills 90210" Dylan McKay und Pfirsichkuchen. Der Grundteig ist derselbe. Der fertige Pie ist jedes Mal unwiderstehlich lecker oder wie Dale sagen würde: „Ein verdammt guter Kuchen!". Das Rezept ist etwas ausführlicher, weil ich echt ewig rumexperimentiert habe, bis ich die richtige Mischung und den richtigen Dreh raus hatte.

Kuchen in Serie

Zutaten für 8 Stück

Teig
250 g kalte Butter
500 g Mehl
1 TL Salz
1–3 EL kaltes Wasser
50 g Butterschmalz

Füllung Variante Beverly Hills
1 große Dose Pfirsiche in Würfeln (ca. 500 g Abtropfgewicht)
½ Vanilleschote
1–2 EL Speisestärke
Zucker nach Bedarf

Füllung Variante Twin Peaks
1 großes Glas Schattenmorellen (ca. 350 g Abtropfgewicht)
½ TL Zimtpulver
1–2 EL Speisestärke
Zucker nach Bedarf

Deko
kleine Herz-oder Sternausstecher für die Teigreste

Zubereitungszeit: 70 Minuten
Backzeit: 50 Minuten
175 °C (Umluft 155 °C)

1. Die Butter in Würfel schneiden und mit Mehl und Salz rasch zu einem glatten Teig verkneten, 1–3 EL kaltes Wasser zugeben, damit der Teig geschmeidiger wird. Zuletzt mit den Händen das Butterschmalz einarbeiten. Es dürfen ruhig Fettklümpchen bleiben, denn die machen den Pie später schön mürbe. Ist der Teig zu klebrig, geben Sie ihn für ein paar Minuten in den Kühlschrank!

2. Den Teig halbieren und eine Hälfte mit etwas Mehl zwischen zwei Lagen Backpapier oder Frischhaltefolie ausrollen. Die Teigfläche muss etwas größer als die Pie- oder Springform sein. Die Form kurz auf den Teig drücken, dann mit dem Messer einen Kreis als Pie-Deckel ausschneiden und beiseitelegen. Die Teigreste zusammen mit der anderen Teighälfte ausrollen und in die gefettete Form legen. Beim Formen des Randes darauf achten, dass er nicht zu hoch (etwa 2 Zentimeter) oder zu dünn wird, sonst bricht er, wenn er gebacken ist.

3. Für die Füllung die Früchte abtropfen lassen, den Saft auffangen. Die Pfirsiche mit dem ausgekratzten Vanillemark bzw. die Kirschen mit dem Zimtpulver mischen und in der Form verteilen. Die Speisestärke mit 2–3 Esslöffel kaltem Wasser verrühren, dann in 125 ml Fruchtsaft einrühren und die Sauce abschmecken; eventuell noch Zucker zugeben. (Da die meisten Konserven stark gesüßt sind, braucht es das meist nicht.) Die Mischung über die Früchte gießen.

4. Den übrigen Teigkreis als Pie-Deckel auflegen und die Ränder mit einer Gabel gut zusammendrücken. Die Teigstücke, die aneinander haften sollen, vorher etwas mit Wasser befeuchten. Drei bis viermal mit einer Gabel vorsichtig durch den Teigdeckel stechen. Das ist wichtig, damit die heiße Luft, die während des Backens im Inneren entsteht, entweichen kann.

5. Stechen Sie aus den Teigresten kleine Formen aus und legen Sie diese 20 Minuten vor Ende der Backzeit auf den Teigdeckel. Damit lassen sich auch prima kleine Risse und „Fehler" kaschieren!

TIPP: Am besten schmeckt der Kuchen warm. Dazu passt eine ehrliche Kugel Vanilleeis oder Amarettosahne. Dazu schlagen Sie einen Becher süße Sahne nicht ganz steif und geben 1 Esslöffel Amaretto dazu, fertig!

Dieser Titel klingt wie eine Beleidigung, und Gemüse im Gebäck sind für viele immer noch befremdlich. Doch wer schon mal in den Genuss von einem echten Möhrenkuchen kam, weiß: Die Rübe macht's! Ein ukrainisches Sprichwort besagt (laut Tom Robbins): „Eine Geschichte, die mit einer Roten Bete beginnt, endet mit dem Teufel!" Wer dieses Rezept nicht ausprobiert, ist wirklich eine feige Nuss – denn das Ergebnis ist saftig, köstlich und einfach nur himmlisch!

Feige Nuss

Zutaten für 12 Stück

Teig 1
100 g kalte Butter
200 g Mehl
50 g Kakaopulver, entölt, ungesüßt
60 g Zucker
40 g Zuckerrübensirup

Teig 2 (Brownieteig)
250 g Rote Bete
150 g dunkle Schokolade
200 g getrocknete Feigen
150 g Vanillezucker (s. Seite 14)
100 g Zuckerrübensirup
250 g weiche Butter
2 Eier
200 g Mehl
¾ EL Natron/Backpulver

Streusel
100 g gemahlene Pekannüsse
100 g gehackte Pekannüsse
100 g Vanillezucker
100 g Butterschmalz (oder Butter)

Zubereitungszeit: 80 Minuten
Backzeit: 55 Minuten
175 °C (Umluft 155 °C)

1. Die Butter in Würfel schneiden und mit Mehl, Kakaopulver, Zucker und Zuckerrübensirup rasch zu einem glatten Teig verkneten, zu einer Rolle formen und ab damit in den Kühlschrank.

2. Rote Bete schälen und raspeln, die Schokolade in grobe Stücke hacken und die getrockneten Feigen halbieren.

3. Vanillezucker und Sirup mit der Butter für etwa 2–3 Minuten gut verquirlen. Die Eier dazugeben und zu einer schaumigen Creme weiterrühren. Mehl und Natron sieben und unter die Eier-Creme heben. Anschließend Rote-Bete-Raspel, Schokostückchen und Feigenhälften unter den Teig ziehen.

4. Teig 1 aus dem Kühlschrank nehmen. Die Rolle in etwa 2 Zentimeter dicke Scheiben schneiden und als Boden in die mit Backpapier ausgelegte Brownieform legen. Nun den dunklen Teig 2 einfüllen und – damit alles schön gleichmäßig verteilt wird – die Backform ein paar Mal kräftig platt auf die Arbeitsplatte klopfen. Dann geht es ab in den Ofen.

5. Für die Streusel die Nüsse mit dem Vanillezucker vermischen, dann das Butterschmalz einarbeiten. Den Teig in Klarsichtfolie wickeln und in den Kühlschrank stellen.

6. Nach etwa 35 Minuten Backzeit den Kuchen aus dem Ofen nehmen und die Streusel darauf verteilen. Das Ganze wieder in den Ofen schieben und weitere 20 Minuten fertig backen.

7. Den Kuchen vor dem Zerteilen etwa 15 Minuten in der Form abkühlen lassen.

TIPP: Falls Sie zu faul sind, drei Teige herzustellen, was ich verstehen kann, können Sie den Kuchen auch ohne Boden zubereiten. Schmeckt auch sehr lecker, ist aber dann natürlich nicht so schokoladig.

Verraten Sie bloß keinem, wie einfach dieses Rezept ist!

Krümelmonster

Die DNS von Schweinen und Menschen ist nahezu identisch!

Mini-Schweineöhrchen

> *Dieses Rezept besteht nur aus fünf Zutaten, und dennoch kann man damit super auftrumpfen. Als Dessert, zwischendurch oder sogar als süßer Hauptgang!*

Krümelmonster

Zutaten für 6 Portionen

Teig
150 g kalte Butter
250 g Mehl
50 g brauner Vollrohrzucker
50 g Vanillezucker (s. Seite 14)
1 Prise Salz

400–500g TK-Brombeeren, leicht angetaut

Zubereitungszeit: 50 Minuten
Backzeit: 35-40 Minuten
200 °C (Umluft 180 °C)

1. Die Butter in Würfel schneiden und mit Mehl, Zucker und Salz rasch zu einem glatten (Mürbe-)Teig verkneten und für 1 Stunde in den Kühlschrank stellen.

2. Die Brombeeren in einer feuerfesten Gratinform verteilen. Den Teig aus dem Kühlschrank nehmen und locker über die Früchte krümeln. Anschließend im Ofen goldgelb backen. Und am besten sofort genießen!

TIPP: Dazu passt eine ehrliche Kugel Vanilleeis oder süße Sahne, mit etwas Vanillezucker verfeinert.

Varianten: Das **Brombeer-Crumble** ist mein absoluter Favorit, weil man Brombeeren mittlerweile in prima Tiefkühlqualität bekommt und es einfach null Arbeit macht. Ich habe es statt einem Trifle für unseren alljährlichen Haggis-Abend gemacht, den ein Freund von mir jedes Jahr am Geburtstag des schottischen Schriftstellers Robert Burns veranstaltet.

Der Klassiker ist aber auch nicht zu verachten: **Apple-Crumble.** Schneiden Sie dazu geschälte und vom Kernhaus befreite Äpfel (z. B. Boskop oder Cox Orange) in dünne Scheiben, geben Sie, wenn Sie mögen, 1 EL Sultaninen dazu, ersetzen Sie 50 g des Mehls durch gemahlene Nüsse und fügen noch ½ TL Zimtpulver zu. Wer mag, kann noch gehackte Nüsse, Marzipan oder weiße Schokolade unter die Äpfel mischen, dann hat man eine Art Bratapfel-Crumble.

Peach-Crumble ist ungewöhnlich, aber heiße Pfirsiche sind der Hammer! Schneiden Sie gewaschene Pfirsiche in Viertel und legen Sie diese in die Form. Den Krümelteig stellen Sie aus 70 g zerbröselten Printen, 5 EL Buttermilch, 180 g Mehl, 70 g braunem Zucker, 1 Prise Salz und 100 g kalter Butter her.

Beim **Pear-Crumble** schälen Sie Birnen (z. B. Abate Fetel), befreien sie vom Kernhaus und schneiden sie in Viertel. Diese in die Form legen und mit 5 EL Rot- oder Weißwein beträufeln. Ersetzen Sie 50 g des Mehls durch ungesüßtes Kakaopulver und fügen 1 Messerspitze Sternanis hinzu. Geschmacksmutige ersetzen den Sternanis durch einen Zweig Thymian!

Tiefkühlblätterteig ist für mich ein wahres Backwunder. Die kaufbaren Produkte sind so gut, dass sich eine eigene Herstellung für Otto-Normalos wie mich wirklich nicht lohnt. Dafür kann man bei der Verwertung umso kreativer sein. Wenn Ihnen mal wieder einer ein Ohr abkaut, schenken Sie ihm doch ein eigenes. Saulecker und superschnell.

Mini-Schweine-öhrchen

Zutaten für ca. 20 Stück

Teig
4 Scheiben TK-Blätterteig (10 x 10 cm)
6 TL weiche Butter
8 TL Vanillezucker (s. Seite 14)
1 Messerspitze Zimtpulver
200 g Marzipanrohmasse
evtl. etwas verquirltes Eigelb und Milch zum Bestreichen

Zubereitungszeit: 20 Minuten
Backzeit: 10 Minuten
200 °C (Umluft 180 °C)

1. Die Teigplatten in gefrorenem Zustand mit der Butter bestreichen, dann leicht antauen lassen.

2. Vanillezucker, Zimtpulver und Marzipanrohmasse gründlich miteinander verkneten und in 4 Teile schneiden. Nun die Stücke so ausrollen, dass sie etwas kleiner als die Blätterteigplatten sind. Das Ausrollen funktioniert am besten auf Frischhaltefolie und mit etwas Puderzucker.

3. Die Marzipanstücke jeweils auf eine gebutterte Teigplatte legen. Die Teigränder sollten frei bleiben, da sich die verschiedenen Lagen beim Aufrollen etwas verschieben.

4. Nun jede Teigplatte von ihren beiden Enden bis zur Mitte hin aufrollen. Seitlich betrachtet sieht das ganze dann – mit viel Phantasie – wie zwei knutschende Schnecken aus. **Tipp:** Ist Ihnen die „Ohrensache" zu schwierig, rollen Sie die Platten einfach nur von einer Seite auf. Beim Durchschneiden ergibt das dann allerdings Schnecken. Die Teigröllchen für 5 Minuten ins Gefrierfach legen, dann lassen sie sich leichter schneiden.

5. Ein Backblech mit Backpapier belegen. Die Doppel-Teigschnecken aus der Kühlung nehmen, ein scharfes Messer kurz unter heißes Wasser halten und den Teig damit in 4–5 gleich dicke Scheiben (1,5–2 cm), äh Öhrchen, schneiden. Diese mit etwas Abstand auf das Blech legen.

6. Ich selbst bin kein Eigelb-Streich-Typ. Aber viele tun es gerne und bestreichen derartiges Backwerk noch mit verquirltem Eigelb und Milch. Im Ofen bildet sich dann eine goldbraune Extra-Kruste.

TIPP: Bestreuen Sie die Öhrchen vor dem Backen mit gehackten Mandeln oder tauchen Sie die fertigen Stücke in dunkle Kuvertüre.

> *„Ich persönlich kann nichts wegwerfen und habe mich daher nach Weihnachten an dieser Leckerei versucht, weil einfach überall diese Lebkuchen herumlagen und mir nach Abwechslung zumute war. Natürlich können Sie diesen Auflauf ganzjährig machen. Er funktioniert ähnlich wie der „Scheiterhaufen" (eines meiner liebsten Kindheitsgerichte) mit alten Brötchen."*

Post-weihnachtlicher Anti-Stress-Auflauf

Zutaten für 6–8 Portionen

Teig
250 g Lebkuchen (hier geht alles, was vorhanden ist)
250 ml Milch
3 Eier
125 g weiche Butter
ca. 100 g Walnüsse, Haselnüsse oder was sonst noch so an Nüsschen im Teller übrig geblieben ist
1 Prise Salz
75 g brauner Vollrohrzucker
2 extra EL Butter für die Backform

Füllung
750 g Birnen oder Zwetschgen

Zubereitungszeit: 85 Minuten inkl. 30 Minuten Einweichzeit
Backzeit: 35–40 Minuten
175 °C (Umluft 155 °C)

1. Lebkuchen in kleine Streifen schneiden und für mindestens eine halbe Stunde in lauwarmer Milch einweichen.

2. In der Zwischenzeit die Birnen für die Füllung waschen, schälen und vom Kernhaus befreien. Das Fruchtfleisch in Viertel schneiden. Sollten Sie Zwetschgen verwenden, diese waschen, halbieren und den Kern entfernen.

3. Die Eier trennen und die Eigelbe mit der Butter für 2-3 Minuten schaumig rühren. Die Lebkuchenmasse unterheben. Nun die Nüsse von der harten Schale befreien, grob hacken und bis auf 2 Esslöffel ebenfalls unter den Teig mischen.

4. Das Eiweiß mit Salz steif schlagen, dann den Zucker nach und nach bis auf 1 EL dazugeben. Den Eischnee etwa 1 Minute weiter schlagen und anschließend vorsichtig unter den Lebkuchenteig ziehen.

5. Die Form gut ausbuttern und eine dicke Schicht Teig hineingeben. Die Hälfte der Obststücke darauflegen und diese mit einer Schicht Teig bedecken. Nun folgt eine weitere Schicht Obst, die mit dem restlichen Teig bedeckt wird.

6. Den Auflauf mit dem restlichen Zucker und den Nüssen bestreuen und ab damit in den Ofen.

TIPPS: Dazu passt die Vanillesauce vom Mangostrudel (siehe Seite 132) oder eine ehrliche Kugel Vanilleeis.

Besonders schick sieht es aus, wenn Sie den Auflauf in Muffin- oder Soufflé-förmchen füllen (siehe Abbildung). Dann verkürzt sich die Backzeit auf etwa 18 Minuten.

Fast jeder in meiner Familie hat seine eigene Geheimvariante des Kaiserschmarrns. Meine Großtante in Wien karamellisierte ihn im Ofen, meine Stiefoma aus Berchtesgaden brät ihn mit viel Butter in der Pfanne. Ich backe eine Mischform aus beiden. Diese Variante hier ist „Schmarrn reloaded" und entstand als Resteverwertung. Sie macht besonders wenig Arbeit und ergibt ein flaumig zartes Kuchendessert. Im Idealfall lässt man den Eigelb-Mehlteig etwa 20–30 Minuten quellen, bevor man den Eischnee unterhebt.

Kaiser-Soufflé

Zutaten für 4 Portionen

Soufflé
2 EL Sultaninen
Rum
2 Eier
80 g süße Sahne (ca. 6–7 EL)
60 ml Milch (ca. 6 EL)
4 EL Mehl
Prise Salz
4 EL Vanillezucker (s. Seite 14)
3–4 TL Butter (wenn möglich gesalzene)
Puderzucker bei Bedarf

Obstsalat
1 reife Papaya
2 TL Zitronensaft
¼ Liter Buttermilch
2 EL Puderzucker

Zubereitungszeit: 30 Minuten
Backzeit: 20 Minuten
200 °C (Umluft 180 °C)

1. Den Ofen unbedingt vorheizen.

2. Die Sultaninen in eine kleine Schüssel geben und soviel Rum angießen, dass die Trockenfrüchtchen ganz bedeckt sind.

3. Die Eier trennen. Die Eigelbe mit Sahne und Milch gut verquirlen, Mehl, Salz und die Sultaninen dazugeben und weiterrühren. **Tipp:** Haben Sie ausreichend Zeit, lassen Sie die Eigelbmasse etwas ruhen. Dieses Rezept gelingt aber auch ohne Wartezeit.

4. Nun das Eiweiß steif schlagen, den Vanillezucker hinzugeben und so lange weiterschlagen, bis der Eischnee wirklich fest ist.

5. Zuletzt – und jetzt wird es romantisch – den Eischnee mit dem Teigspatel vorsichtig unter die Eigelbmasse heben. Charmant aus dem Handgelenk wie ein Handkuss von Kaiser Franz persönlich.

6. Die Soufflé-Förmchen mit der Butter fetten und mit etwas Puderzucker ausstreuen. Die Masse darin verteilen und sofort im vorgeheizten Ofen goldbraun backen.

7. Für den Obstsalat die Papaya schälen, halbieren, die Kerne auslösen und das Fruchtfleisch in kleine Stückchen schneiden. Hübsch sieht es aus, wenn Sie es mit dem Melonenausstecher zu kleinen Kügelchen formen oder mit dem Sparschäler in dünne „Nudeln" schneiden. Dann mit dem Zitronensaft beträufeln. Die Buttermilch mit dem Puderzucker 2 Minuten mit dem Pürierstab schaumig schlagen. Den Schaum als „Dressing" über das Obst geben.

TIPP: Dazu passt statt dem Papayasalat natürlich auch ein klassisches Kompott aus Äpfeln, Kirschen, Pflaumen oder aber Vanilleeis oder Fruchtmus.

Dass ich Aprikosen niedlich finde, hab ich ja schon erwähnt. Diese köstliche Kombination für die kleinen weichen Schnuckelchen bietet knusprigen Mürbeteig und blumigen Lavendelzucker. Der schmeckt in homöopathischen Dosen wirklich köstlich und extravagant und wird nur seifig und vertreibt die Motten, wenn Sie es übertreiben.

Bruder Jakob war ein Hippie

Zutaten für ca. 8 Stück

Teig
160 g kalte Butter
70 g Vanillezucker (s. Seite 14)
1 Prise Salz
270 g Mehl
evtl. 1 EL kaltes Wasser

Füllung
400 g Aprikosen
2 EL Zitronensaft
2 EL Zucker
1 EL Butter

Glasur
150 ml Wasser
50 g Aprikosenkonfitüre
50 g Lavendelzucker

Deko
2–3 Zweige Lavendel oder Obstblüten

Zubereitungszeit: 50 Minuten
Backzeit: 35–40 Minuten
190 °C (Umluft 170 °C)

1. Die Butter in Würfel schneiden und mit Mehl, Vanillezucker und Salz rasch zu einem glatten (Mürbe-)Teig verkneten. Je nach Konsistenz eventuell noch 1 Esslöffel kaltes Wasser dazugeben, damit der Teig geschmeidiger wird. Teig ausrollen und in eine mit Backpapier ausgelegte Spring-oder Tarteform legen. Einen etwa 2 Zentimeter hohen Rand formen und mit einer Gabel ein paar Löcher in den Boden stechen. Dann die Form in den Kühlschrank stellen.

2. Die Aprikosen waschen, entkernen, halbieren und mit Zitronensaft beträufeln. Die Früchte mit dem Zucker und der Butter in einen Topf geben und unter Rühren kurz karamellisieren lassen. Die Fruchtmasse auf dem Teigboden verteilen und die Tarte backen.

3. In der Zwischenzeit das Wasser, die Konfitüre und den Lavendelzucker in einen Topf geben und bei mittlerer Hitze so lange köcheln lassen, bis die Glasur auf die Hälfte reduziert ist.

4. Die Tarte nach Ende der Backzeit etwa eine Viertelstunde abkühlen lassen. Erst dann die Lavendelglasur darübergießen, sonst spritzt es durch die Hitze gefährlich. 2 oder 3 Lavendelzweige als Deko drauflegen. Im Frühling kann man auch ein paar frisch gepflückte Apfelblüten nehmen.

Rezept für „Lavendelzucker“: Ein luftdicht verschließbares Glas mit Zucker und getrockneten Lavendelblüten füllen und das Ganze ein paar Tage durchziehen lassen. Vor dem Gebrauch die Blüten herauslesen. Auf 200 g Zucker rechnet man etwa 1 TL Lavendelblüten.

TIPP: Wenn Sie es gerne süß mögen, können Sie 100 g Marzipanrohmasse ausrollen und als dünne Schicht zwischen Tarteboden und Aprikosen platzieren.

Im Zuge meiner „Was-kriege-ich-so-alles-mit-Fertigprodukten-aus-dem-Kühlregal-gebacken-Phase" musste ich an meine Kindheit denken. Da gab es manchmal einen herrlichen Nachtisch: Topfenpalatschinken, auf deutsch: überbackene Quarkpfannkuchen. Danach ist man satt wie zwölf, aber auch enorm glücklich. Der Palatschinkenkuchen ist eine Hommage an dieses Gericht, hat meiner Ansicht nach die gleiche Wirkung, ist aber viel erfrischender und kann auch als Sommerdessert serviert werden.

Palatschinkentorte

Zutaten für ca. 8 Stück

Teig
1 Packung Fertigpfannkuchen oder Pancakes (natürlich können Sie auch selbst gebackene Pfannkuchen verwenden)

Füllung
2 Packungen Quarkcreme-Dessert (z. B. Dr. Oetker Quarkfein Zitrone oder Vanille, idealerweise 1 x Zitrone und 1 x Vanille)
500 g Topfen oder Quark
300 ml Milch

Topping
3 EL Marillen- oder Orangenmarmelade

Zubereitungszeit: 80 Minuten inkl. Wartezeit

1. Das Quarkcreme-Dessert wie auf der Packung angegeben zubereiten, allerdings mit etwas weniger Flüssigkeit, damit der Kuchen mehr Standfestigkeit bekommt. Von der fertigen Creme etwa ein Drittel für die Deko beiseitestellen.

2. Einen Pfannkuchen in eine mit Backpapier ausgelegte Springform (Durchmesser 18 cm) legen und dick mit Quarkcreme bestreichen. Einen weiteren Pfannkuchen darauflegen und wieder mit Creme bestreichen. Mit dem Schichten fortfahren, bis alle Pfannkuchen aufgebraucht sind. Den Rest der Creme großzügig auf der Torte verteilen.

3. Die beiseitegestellte Quarkcreme in einen Spritzbeutel mit großer Sterntülle füllen und am Tortenrand entlang Röschen auftupfen. Etwas Creme für den Rand übrig behalten. Die Röschen sollten den Springformrand nicht berühren, sonst gehen sie später, wenn man den Rand entfernt, ein. Die Torte etwa 1 Stunde kühl stellen.

4. Die Marmelade mit der doppelten Menge Wasser erhitzen, gut miteinander verrühren und zum Abkühlen zur Seite stellen.

5. Die Torte aus dem Kühlschrank nehmen und den Rand vorsichtig mit einem Messer lösen. Nun muss der Tortenrand mit Quarkcreme „verputzt" werden. Dies geht am besten, wenn die Torte erhöht steht und sich drehen lässt, zum Beispiel auf einem Tortenständer oder einem umgedrehten Topf. Am besten mit einem Teigschaber von unten nach oben arbeiten.

6. Zuletzt die abgekühlte, noch flüssige Marmelade in die Tortenmitte gießen und vorsichtig bis zur Röschengrenze verteilen.

TIPP: Die Torte funktioniert natürlich auch mit anderen Puddingcremes oder einem 500-Milliliter-Becher roter Grütze. In dem Fall bitte über Nacht „einziehen" lassen. Herrlich!

Der Käsekuchen ist der beliebteste Kuchen Deutschlands. Dass wir ihn mit Quark backen, macht ihn so einzigartig, saftig und dennoch nicht zu fett. Das Grundrezept stammt von der Mama meiner Freundin Betty. Die Kirschfüllung ist meine Antwort auf den amerikanischen Strawberry-Cheesecake.

Der Klassiker-Käsekuchen

Zutaten für 12 Stück

Teig
150 g Butter
250 g Mehl
100 g Zucker
1 Ei

Füllung
4 große Eier
175 g Vanillezucker (s. Seite 14)
750 g Quark
1 Päckchen Saucenpulver Vanille (alternativ 3 EL Speisestärke)
250 g süße Sahne
1 EL Rum
1 EL weiche Butter
1 großes Glas Kirschen oder Schattenmorellen (ca. 350 g Abtropfgewicht) (alternativ 2 Äpfel, geschält und in grobe Stücke geschnitten, auch lecker)
2 EL Speisestärke

Zubereitungszeit: 75 Minuten
Backzeit: 70–75 Minuten
175°C (Umluft 155°C)

1. Die Butter in Würfel schneiden und mit Mehl, Zucker und Ei rasch zu einem glatten (Mürbe-)Teig verkneten und für 1 Stunde in den Kühlschrank stellen.

2. Für die Füllung die Eier mit dem Vanillezucker schaumig rühren. Dann den Quark langsam dazugeben. Das Saucenpulver oder die Speisestärke mit der Sahne gut verquirlen und zusammen mit dem Rum und der Butter ebenfalls unter die Quarkmasse rühren.

3. Den Teig auf eine mit Backpapier ausgelegte Springform verteilen und einen etwa 3 Zentimeter hohen Rand formen. Anschließend etwas von der Quarkmasse auf den Teigboden und am Teigrand entlang streichen, damit eine Art „Quark-Mauer" für die Kirschen entsteht.

4. Die Kirschen oder Schattenmorellen abtropfen lassen, den Saft dabei auffangen. Etwa 100 ml des aufgefangenen Kirschsafts in einen Topf geben, die Speisestärke darin unter Rühren auflösen und das Ganze kurz aufkochen lassen. Dann den Topf vom Herd nehmen und die Kirschen einrühren. Die Kirschmasse in die Mitte der Springform geben. Anschließend den Rest der Quarkcreme vorsichtig darauf verteilen und den Kuchen backen.

TIPPS: Den Kuchen auf der untersten Schiene backen. Falls der Kuchendeckel beim Backen zu dunkel werden sollte, den Kuchen einfach mit etwas Alufolie abdecken.

Der Käsekuchen wird fester, wenn er abkühlt, daher den Kuchen nach dem Backen erst etwas ruhen lassen, bevor Sie ihn anschneiden.

einfach SCHOKOLADIG

Das ist mein absolutes Lieblingskapitel! Kakao gehörte schon immer zu meinen größten Hobbys, und meine Leidenschaft dafür hat nie aufgehört. Wenn ich „Schoko" höre, beginnt mein Kopf automatisch zu nicken, und meine Widerstandskraft schmilzt genauso dahin wie die Göttin aller Süßspeisen auf dem Gaumen. Für den guten Zweck! Denn Schokolade macht glücklich, schön und gesund.

„Diese Tarte könnte man auch edlen kalten Hund nennen. Unglaublich schokoladig und soooo lecker. Ich muss diese Tarte immer für eine Freundin machen und gebe ihr den Rest mit. Einmal gestand sie mir, dass sie die Tarte eingefroren hat, allerdings musste sie nachts aufstehen und sie wieder auftauen, weil sie sie dann doch gleich essen wollte und mit gleich meinte sie noch halb gefroren. Ein besseres Kompliment gibt es nicht. Die original Idee habe ich bei Jamie Oliver entdeckt. Da ich diese Tarte schon jahrelang mache, gibt es inzwischen deutliche Abweichungen und unzählige Variationen an Aromen."

Dunkle Schoko-Tarte

Zutaten für 12 Stück

Teig
100 g kalte Butter
200 g Mehl
1 Prise Salz
3 EL Vanillezucker (s. Seite 14)
1 Eigelb

Füllung
450 g Zartbitterschokolade (60–70 % Kakaoanteil)
200 g süße Sahne (1 Becher)
1 Prise Salz
140 g weiche Butter
3 EL kalte Milch
125 g Creme Double (1 Becher)

Auswahl an Aromen
2 EL Rum oder
1 handvoll karamellisierte, salzige Nüsse oder
½ TL Kardamom gemahlen oder
2 EL Espressopulver

Deko
2–3 EL ungesüßtes Kakaopulver

Zubereitungszeit: 60 Minuten
Backzeit: 25–30
175 °C (Umluft 155 °C)
Kühlzeit: ca. 2 Stunden

1. Die Butter in Würfel schneiden und mit Mehl, Salz, Vanillezucker und Eigelb rasch zu einem glatten Teig verkneten.

2. Den Teig in 2 Zentimeter dicke Scheiben schneiden und mit diesen eine Tarte- bzw. Springform auslegen. Dabei darauf achten, dass der Übergang zum Rand nicht zu dünn wird. Dann mit einer Gabel den Teigboden mehrmals einstechen. Die Form etwa 30 Minuten kalt stellen, am besten ins Gefrierfach, dann den Kuchen backen und in der Form abkühlen lassen. Bleibt fürs Kühlen keine Zeit, den Kuchen blindbacken (siehe Seite 10).

3. Für die Füllung die Schokolade mit einem großen schweren Messer in Stücke hacken und über dem heißen Wasserbad schmelzen. Sahne, Salz und Butter so lange unterrühren, bis kein Klümpchen mehr zu sehen ist. Wichtig: Unbedingt mit einem Löffel oder Schneebesen rühren, nicht mit dem elektrischen Rührgerät, sonst wird die Füllung trocken statt cremig!

4. Die kalte Milch mit der Schokocreme verquirlen und je nach Lust und Laune Rum, Nüsse oder Kardamom dazugeben. Wer Espresso wählt, löst das Pulver vorher in der Milch auf. Zuletzt die Creme Double unterrühren.

5. Die Füllung auf den abgekühlten Tarteboden geben, glatt streichen und ein paar Mal hin und her wackeln – mit der Form, nicht mit dem Körper. Die Schoko-Tarte mindestens 2 Stunden in den Kühlschrank stellen. Vor dem Servieren mit Kakaopulver bestäuben. Die Tarte schmeckt gut gekühlt aber auch bei Zimmertemperatur lecker.

TIPP: Ich mache die Tarte gerne auch als Dessert und serviere sie mit etwas Fruchtsorbet. Dazu einfach etwas Obst pürieren (Mangos, Birnen, Pfirsiche, Beeren...), mit Zucker vermischen und ab damit in die Eismaschine. Falls Sie keine besitzen, frieren Sie die Flüssigkeit für etwa 3 Stunden ein und rühren das Ganze zu jeder vollen Stunde gut durch, damit sich keine Eiskristalle bilden.

Wenn der Kaffee die Schokolade küsst, ist eine Beziehung fürs Leben geschlossen, voller Leidenschaft, Liebe und von mir aus auch Latte, genau wie bei diesem Brownie. Hier ist von allem etwas dabei, Espresso, Schokolade, Fudge und obendrauf – wenn Sie mögen – noch ein herrlich flaumiges Marshmallow-Milch-Frosting.

Latte-Macchiato-Brownies

Zutaten für 12 Stück

Teig
400 g dunkle Schokolade
150 g Butterschmalz
2–3 Eier (je nach Größe)
130 g Vanillezucker (s. Seite 14)
8 EL Instant-Espressopulver
70 g Mehl

Frosting
75 ml Milch
150 g kleine Marshmallows (wenn Sie die Großen kaufen, schneiden Sie sie klein)
1 Eiweiß
2 EL Puderzucker

Deko
1 EL Kakaopulver

Zubereitungszeit: 30 Minuten
Backzeit: 25 Minuten
180 °C (Umluft 160 °C)

1. Die Schokolade in kleine Stücke hacken und die Hälfte zusammen mit dem Butterschmalz über dem heißen Wasserbad schmelzen. Dann auf Raumtemperatur abkühlen lassen.

2. Die Eier mit dem Vanillezucker und dem Espressopulver mindestens 2–3 Minuten lang schaumig rühren. Nach und nach die flüssige Schokolade unterrühren. Das Mehl sieben und mit den restlichen Schokoladenstücken unter die Schokomasse heben. **Tipp:** Wundern Sie sich nicht, dass der Teig etwas herb ist. In Verbindung mit dem süßen Frosting passt das Verhältnis wieder.

3. Den Schokoteig gleichmäßig in eine gefettete Browniefom geben und ab geht's in den Ofen.

4. Für das Frosting die Milch in einem Topf erhitzen, nicht kochen. Die Marshmallows darin unter Rühren auflösen und alles gut abkühlen lassen.

5. Das Eiweiß steif schlagen und den Puderzucker dazugeben. Dann den Eischnee vorsichtig unter die Marshmallowmasse heben und das Frosting in Wellenform auf den abgekühlten Brownie auftragen.

6. Zuletzt alles leicht mit etwas Kakaopulver bestäuben, damit das Frosting wie bestäubter Milchschaum aussieht.

Tipp: Wer auf Nummer sicher gehen will, schlägt das Eiweiß etwa 5 Minuten über dem heißen Wasserbad schaumig und gibt dann den Puderzucker dazu.

Immer wenn ich mit meiner Freundin Betty in London bin, gehen wir zu Pret-A-Manger. Die machen köstliche und auch gesunde Sandwiches, Snacks und Naschereien. Zum Beispiel den Love-Bar, eine Art Flapjack mit Schoko-Kürbiskern-Topping. Ich habe daraus einen ganz speziellen Ruth-Blondie gemacht. Das Rezept ist etwas aufwendiger, aber es lohnt sich, denn die Mischung ist einfach köstlich! Blondies sind Brownies, nur mit heller Schokolade.

Liebe für Blonde

Zutaten für 12 Stück

Teig
150 g weiße Kuvertüre
150 g Butterschmalz
150 g Haferflocken
2 Eier
50 g Mehl
½ TL Salz

Topping
200 g weiße Schokolade
50 g Honig
70 g süße Sahne

Deko
50 g Kürbiskerne
50 g Cranberrys
100 g Schokotropfen, am besten dunkle (alternativ: dunkle Schoko grob hacken)

Zubereitungszeit: 60 Minuten
Backzeit: 30 Minuten
175 °C (Umluft 150 °C)

1. Die Kuvertüre grob hacken und mit dem Butterschmalz über dem heißen Wasserbad schmelzen oder – für Geübte – direkt im Topf. Anschließend die Haferflocken einrühren und die Schoko-Hafer-Creme etwas abkühlen lassen.

2. Die Eier schaumig rühren. Nach 2–3 Minuten Mehl und Salz dazugeben und nach und nach auch die Schoko-Hafer-Creme unterrühren.

3. Den Teig in eine mit Backpapier ausgelegte Brownieform (24 x 24 cm) geben und backen. Ist der Blondie fertig, aus dem Ofen nehmen und in der Form abkühlen lassen.

4. Für das Topping die weiße Schokolade klein hacken. Den Honig mit der Sahne in einem Topf unter ständigem Rühren kurz aufkochen lassen. Vom Herd nehmen und die Schoko-Stückchen dazugeben. Ab und zu umrühren, damit sie besser schmelzen. Die Schoko-Honig-Creme gleichmäßig über den abgekühlten Blondie streichen.

5. Für die Deko die Kürbiskerne in einer Pfanne ohne Fett anrösten und abkühlen lassen. Dann mit Cranberrys und Schokotropfen mischen und auf dem noch warmen und weichen Schoko-Topping verteilen.

TIPP: Statt Schoko-Honig-Creme können Sie auch Nusscreme als „Klebstoff" verwenden. Lecker ist eine dünne Schicht Macadamiacreme oder, der Klassiker, Nussnougatcreme.

Dies ist meine Variante des Mississippi-Mud-Pie. Das Wort Mud bedeutet soviel wie Matsch, daher liegt es doch nahe, diesen Kuchen mit Kumquats zu machen. Die Torte ist etwas aufwendiger, aber extrem saftig und lecker.

Quatsch-Torte

Zutaten für 12 Stück

Teig
150 g kalte Butter
200 g Mehl
50 g ungesüßtes Kakaopulver
50 g Zucker
1 Prise Salz
2 EL kaltes Wasser

Füllung
150 g Bitterorangenschokolade
6 Kumquats
300 g süße Sahne (1½ Becher)
40 g ungesüßtes Kakaopulver
175 g Butter
300 g Zucker
4 Eier

Topping
125 g Creme Double (1 Becher)
200 g süße Sahne (1 Becher)
1 TL Lebkuchengewürz
2 EL brauner Zucker

Deko
4 EL Orangenmarmelade
4 EL Wasser
4 Kumquats
12 Schokoblätter

Zubereitungszeit: 80 Minuten
Backzeit 75 Minuten
190 °C (Umluft 170°C)
Kühlzeit: 30 Minuten

1. Die Butter in Würfel schneiden und mit Mehl, Kakaopulver, Zucker und Salz rasch zu einem glatten Teig verkneten. Je nach Konsistenz eventuell 2 EL kaltes Wasser dazugeben, damit der Teig geschmeidiger wird.

2. Zwei Drittel des Teiges kreisrund (Duchmesser 26 cm) auf einer bemehlten Arbeitsfläche ausrollen und in eine mit Backpapier ausgelegte Springform legen. Den restlichen Teig zu einer Rolle formen und damit einen etwa 2 Zentimeter hohen Rand legen. Den Boden blindbacken (siehe Seite 10) und anschließend aus dem Ofen nehmen. Die Temperatur auf 160 Grad (Umluft 140 °C) reduzieren.

3. Die Schokolade klein hacken. Die Kumquats waschen, trocknen und mit der Schale in Würfel schneiden. Die Sahne mit dem Kakaopulver erhitzen, aber nicht kochen. Den Topf vom Herd nehmen, die Schokostückchen dazugeben und unter Rühren schmelzen lassen. Zuletzt die Kumquatwürfel untermischen und die Schokomasse etwas abkühlen lassen.

4. Butter und Zucker 3 Minuten lang schaumig rühren. Die Eier dazugeben und mindestens 2 Minuten lang weiterrühren. Die Schokomasse hinzufügen und weiterrühren. Nun die Füllung auf dem Teigboden verteilen und die Torte weitere 45 Minuten backen. Danach vollständig abkühlen lassen.

5. Die Creme Double mit der Sahne, dem Lebkuchengewürz und dem Zucker aufschlagen, bis sie leicht fest wird. Das Topping auf der Torte verteilen.

6. Die Marmelade gut mit dem Wasser verrühren und vorsichtig auf das Sahne-Topping geben. Die Kumquats waschen, in feine Scheiben schneiden und zusammen mit den Schokoblättchen dekorativ auf dem Kuchen verteilen.

TIPP: Für den original Mississippi-Mud-Pie lassen Sie einfach alle „orangigen" Komponenten sowie das Lebkuchengewürz weg und dekorieren mit dunklen Schokoraspeln.

Meine Cousine Jeannie ist genauso ein großer Backfan wie ich. Das haben wir allerdings erst in den letzten Jahren festgestellt, denn Jeannie lebt, wie ein großer Teil meiner Familie, in Seattle. Umso spannender finden wir natürlich den regen Austausch von internationalen Rezepten. Dieses ist ein gutes Beispiel dafür, dass es nicht immer ein Super-Duper-Double-Fudge-Chocolate-Brownie sein muss, um in Ekstase zu geraten. Ein Rezept von einer damals 19-jährigen, welches auf der Zunge zergeht...

Die besten Brownies

Zutaten für 12 Stücke

Teig
3–4 Eier (je nach Größe)
225 g Vanillezucker (s. Seite 14)
225 g brauner Vollrohrzucker
250g weiche Butter
60 g Mehl
150 g ungesüßtes Kakaopulver
1 Prise Salz

Zubereitungszeit: 70 Minuten
Backzeit: ca. 60 Minuten
175 °C (Umluft 155 °C)

1. Die Eier 2 Minuten schaumig schlagen, so dass die Creme eine hellgelbe Farbe bekommt. Nach und nach beide Zuckersorten dazugeben und etwa 3 Minuten weiter rühren, damit sich die Kristalle des Zuckers auflösen können. Dann die Butter unter die Masse rühren.

2. Mehl, Kakaopulver und Salz vermischen und zur schaumigen Masse dazugeben. Nun heißt es erneut: rühren bis sich alles gut vermischt hat!

3. Den Teig in eine gefettete Form geben und das Ganze im Ofen backen.

4. Zum Prüfen, ob der Brownie gar ist, den „Zahnstochertest" (siehe Seite 14) bereits nach 45 Minuten machen, denn je nach Ofen könnte der Kuchen bereits fertig sein. Den Kuchen erst in Stücke schneiden, wenn er abgekühlt ist!

TIPPS: Schneiden Sie je nach Anlass kleine Sterne, Blumen oder Vierecke aus Papier aus, piksen Sie diese auf Zahnstocher und platzieren sie auf dem Brownie. Bestäuben Sie den Kuchen mit Puderzucker und entfernen im Anschluss die Papierschablonen – fertig ist die Deko!

Sollten Sie kleine Mini-Silikon-Kuchenformen besitzen, füllen Sie den Brownieteig dort hinein. Die Backzeit reduziert sich dann auf etwa 10–12 Minuten und Sie bekommen wunderschöne kleine Kuchenpralinen, die sich auch zum Verschenken eignen, wenn man sie denn loswerden wollte.

Variieren Sie: Fügen Sie dem Teig z. B. getrocknete Kirschen zu und setzen ein Sahnehäubchen oben drauf.

Wer Preiselbeeren bisher nur zu Wildgerichten genossen hat, sollte dringend diese Torte backen. Es ist längst überfällig, dieser herrlichen Frucht eine süße Begegnung zu gönnen! Das Rezept geht so schnell, dass noch genügend Zeit für einen köstlichen Waldspaziergang bleibt.

Des Försters helle Freude

Zutaten für 12 Stück

Teig
350 g weiche Butter
400 g Vanillezucker (s. Seite 14)
5 Eier
375 g Mehl
100 g ungesüßtes Kakaopulver
1 EL Natron
250 g Buttermilch

Preiselbeersahne
200–250 g süße Sahne
100 g Preiselbeerkonfitüre

Marzipancreme
60 g Marzipanrohmasse
4 EL Milch oder süße Sahne
200 g Ricotta (oder Quark)

Deko
frische Waldfrüchte
oder Schokoraspel

Zubereitungszeit: 80 Minuten
Backzeit: 15–17 Minuten pro Boden
180 °C (Umluft 160 °C)
Kühlzeit: 30 Minuten

1. Die Butter mit dem Vanillezucker etwa 2–3 Minuten lang schaumig rühren. Die Eier nach und nach dazugeben und weiterrühren. Das Mehl mit dem Kakao und dem Natron vermischen und unter den Eierschaum heben. Das Ganze wieder rühren und, sobald der Teig fester wird, etwas Buttermilch dazugeben, bis alles einen glatten, saftigen Teig ergibt.

2. Die drei Böden sollten, auch wenn es mehr Mühe macht, einzeln gebacken werden. Das sieht eindrucksvoller aus. Dazu eine Springform (Durchmesser 26 cm) mit Backpapier auskleiden und jeweils 1/3 des Teiges auf dem Boden der Form verteilen. Den ersten Boden etwa 15 Minuten backen. Zum Prüfen, ob er gar ist, den „Zahnstochertest" (siehe Seite 14) machen und anschließend schnell aus der Form nehmen. **Tipp:** Der Tortenboden lässt sich durch das Backpapier sehr gut herausnehmen, so dass Sie schon wenige Minuten später den nächsten backen können. Küchenhandschuhe nicht vergessen, sonst verbrennen Sie sich die Pfoten! Alle Tortenböden auf einem Kuchengitter komplett abkühlen lassen.

3. Inzwischen die Sahne steif schlagen, die Preiselbeerkonfitüre vorsichtig unterheben und die Beerensahne bis zur Verwendung kühl stellen.

4. Die Marzipanrohmasse zerkleinern und mit der Milch oder Sahne verquirlen. Dann den Ricotta oder Quark dazugeben und weiterrühren, bis eine glatte Creme entsteht. Die Marzipancreme bis zur Verwendung ebenfalls kühl stellen.

5. Einen Tortenboden auf eine Kuchenplatte legen und mit etwas mehr als der Hälfte der Preiselbeersahne bestreichen. Den zweiten Boden auf die Sahneschicht legen, dann die Marzipancreme darauf verteilen. Den dritten Tortenboden auf die Creme legen, mit dem Rest der Preiselbeersahne bedecken und mit Waldfrüchten oder Schokoraspeln dekorieren.

TIPP: Wer es eilig hat, kann auch fertige dunkle Tortenböden verwenden. Der Charme der Torte besteht darin, dass alles gewollt „unsauber", wie ein wildes süßes Sandwich aussehen soll.

Schoko-Soufflé

Macht glücklich: ein göttlicher Hauch von „Nichts".

Überraschungskekse

„Ich weiß ehrlich gesagt nicht, wieso alle Welt immer so einen Respekt vor Soufflé hat. Dieses hier gelingt immer, ist schnell gemacht, und Sie können es sogar gut vorbereiten, wenn Sie damit Ihren Liebsten verführen wollen."

Schoko-Soufflé

Zutaten für 4 Portionen

Teig
2 Eier
ca. 6 EL Milch
1 Vanilleschote
6 EL ungesüßtes Kakaopulver
10 TL Zucker
1 EL Mehl
1 Prise Salz
Butter und 4 TL Zucker für die Form

Zubereitungszeit: 25 Minuten
Backzeit: 18 Minuten
150 °C (Umluft 130 °C)

1. Den Ofen unbedingt vorheizen.

2. Die Eier trennen. Die Milch mit dem Eigelb verquirlen. Das Mark aus der Vanilleschote kratzen und zur Eiermilch geben. Das Kakaopulver mit dem Mehl und der Hälfte des Zuckers mischen und gut unter die Eiermilch rühren, damit keine Klümpchen entstehen. **Tipp:** Bis hierhin können Sie alles vorbereiten. Die nächsten Schritte machen Sie erst, wenn Sie das Soufflé tatsächlich gleich in den Ofen schieben.

3. Das Eiweiß mit dem Salz steif schlagen, den restlichen Zucker zugeben und etwa 2 Minuten weiterrühren. Nun die Kakaomasse vorsichtig unter den Eischnee ziehen – dabei an die elegante Handbewegung einer französischen Comtesse denken, die zum Hofknicks ansetzt.

4. Die Soufflé-Förmchen nicht zu sparsam buttern und jeweils mit einem Teelöffel Zucker ausstreuen. Den Teig in die Förmchen füllen und sofort im vorgeheizten Ofen backen.

5. Wenn die Soufflés fertig sind, sollten sie sofort genossen werden. Vorsicht heiß!

TIPPS: Ungeübte können das Einbuttern der Förmchen weglassen, dann gelingt das Soufflé auf jeden Fall, doch geschmacklich ist „gebuttert" natürlich leckerer!

Servieren Sie das Soufflé mit einem Salat aus frischen, knallroten Erdbeeren. Dazu schneiden Sie die Beeren in feine Scheiben, hacken 4–5 Blatt Minze klein und geben diese mit etwas Puderzucker über die Früchte.

Wenn Sie sich oder anderen mal etwas Gutes tun wollen: Diese Kekse haben innere Werte! Sie schmecken natürlich lauwarm besonders köstlich, wenn die Füllung noch flüssig ist. Aber auch kalt sind diese Cookies noch nach einigen Tagen schön fruchtig-schokoladig lecker. Ich bleibe dabei: Ein guter Keks kann Schlimmes verhindern oder sogar eine schwierige Verhandlung zu Ihren Gunsten ausgehen lassen.

Überraschungs-kekse

Zutaten für ca. 30 Kekse

Teig
170 g Butter
160 g brauner Zucker
1 Messerspitze Vanillepulver, wenn vorhanden (s. Seite 14)
1–2 Eier (je nach Größe)
160 g Vollkornmehl
60 g ungesüßtes Kakaopulver
1 TL Backpulver
100 g getrocknete Cranberrys

Ideen für die Füllung
weiße, Vollmilch- oder dunkle Schokoladenstücke oder Karamellen oder Marzipanrohmasse oder Pralinen

Zubereitungszeit: 30 Minuten
Backzeit: 8–10 Minuten
190 °C (Umluft 170 °C)
Kühlzeit: 1 Stunde

1. Den Ofen unbedingt vorheizen.

2. Butter, Zucker und Vanillepulver schaumig rühren, dann das Ei dazugeben und weiterrühren. Das Mehl mit dem Kakaopulver und dem Backpulver mischen und unterheben. Die Cranberrys dazugeben und das Ganze mit den Händen rasch zu einem Teig verkneten. **Tipp:** Je weniger Sie kneten, desto knuspriger werden die Kekse später. Den Teig etwa 1 Stunde lang in den Kühlschrank stellen.

3. Die Schokostücke, Karamellen oder halbierten Pralinen jeweils komplett mit einer Teigschicht umhüllen und schnell kleine Kugeln oder Eier daraus formen.

4. Die Kugeln mit ausreichend Abstand zueinander auf ein mit Backpapier ausgelegtes Backblech setzen und im vorgeheizten Ofen backen.

5. Sind die Kekse fertig, sofort aus dem Ofen nehmen. Dann noch für etwa 5–6 Minuten auf dem Backblech abkühlen lassen, bevor man sie herunternimmt.

TIPPS: Ich backe immer nur ein Keksblech auf einmal, um den Garpunkt besser abpassen zu können. Dann ist zwar die Zubereitungszeit etwas länger, aber die Kekse werden gleichmäßig gar und verbrennen nicht.

Wenn ich keine Cranberrys im Haus habe und trotzdem dringend diese Kekse „brauche“, verwende ich statt der Beeren Mandelsplitter oder andere gehackte Nusssorten.

> *Mein allererster Kuchen, den ich alleine gebacken habe, war – natürlich! – eine Schokoladentorte. Backe, backe, Ruthchen… Das ist nun mindestens 25 Jahre her, und seitdem sind unzählige Variationen entstanden. Und wenn Sie nach dem Genuss eines Stücks nicht vor Glückseligkeit glucksen, dann weiß ich auch nicht.*

Schokoliebe

Zutaten für 12 Stück

Teig
4 Eier
200 g süße Sahne (1 Becher)
80 g Mayonnaise
200 g Vanillezucker (s. Seite 14)
160 g Mehl
80 g ungesüßtes Kakaopulver
1 Päckchen Backpulver
1 Prise Salz

Füllung
3 EL rote Marmelade
(z. B. Johannisbeer- oder Waldfrucht)
3 EL Fruchtlikör (z. B. Cassis oder Kirschlikör oder Rum)
125 g süße Sahne
200 g Schokolade
(weiße, Vollmilch oder dunkle)
75 g weiche Butter
50 g Nusscreme

Deko
50 g Nusscreme
75 g süße Sahne
12 Schokoherzen, -kugeln oder flache Schokostückchen passend zur Torte

Zubereitungszeit: 55 Minuten
Backzeit: 50 Minuten
180 °C (Umluft 160 °C)

1. Eier, Sahne und Mayonnaise verrühren. Den Vanillezucker dazugeben und das Ganze etwa 2-3 Minuten schaumig rühren. Das Mehl mit dem Kakao, dem Backpulver und dem Salz mischen und unterheben.

2. Den Teig in eine gefettete Springform füllen und backen. Zum Prüfen, ob der Kuchen gar ist, nach 45 Minuten den „Zahnstochertest" (siehe Seite 14) machen. Den Kuchen eventuell 3–4 Minuten in der Form ruhen lassen, dann mit einem Messer von der Form lösen, auf ein Kuchengitter stürzen und abkühlen lassen. Den abgekühlten Kuchen quer in der Mitte durchschneiden. Die obere Hälfte zur Seite legen, die untere als Tortenboden auf eine Platte geben.

3. Marmelade mit Likör glatt rühren und den Tortenboden damit beträufeln.

4. Die Sahne langsam erhitzen und dann den Topf vom Herd nehmen. Die Schokolade mit einem großen Messer in Stücke hacken, zur Sahne geben und gut miteinander vermischen. Abkühlen lassen. Die Butter mit der Nusscreme dazugeben und nur ganz kurz verquirlen, sonst wird die Schokocreme trocken.

5. Ein Drittel der Creme auf dem Tortenboden verteilen und die obere Hälfte des Kuchens daraufsetzen. Die restliche Creme auf dem Tortendeckel und den -seiten verteilen, dabei am besten von unten nach oben arbeiten.

6. Die Nusscreme mit der Sahne kurz erhitzen und gut verrühren. Abkühlen lassen und kurz aufschlagen. Die Masse in einen Spritzbeutel füllen und 12 große Tupfen entlang des Tortenrandes aufspritzen. Den Rest der Creme dekorativ auf der Torte verteilen. Die Schokodeko auf die Cremetupfen setzen und die Torte bis zum Servieren in den Kühlschrank stellen.

TIPP: Die Torte wird von Tag zu Tag besser, da der Boden mit der Marmelade immer saftiger wird und durch die Cremeschicht nichts austrocknen kann. Sie können den Kuchen mit weißer, Vollmilch- oder dunkler Schokolade zubereiten – alle Varianten sind lecker. Mein Favorit ist aber die dunkle Variante. Dafür „haue" ich bei der Deko doppelt rein.

einfach FESTLICH

Das ist mein absolutes Lieblingskapitel! Ob Feiertag, Versöhnung, Sommer oder Kuschelzeit … Man braucht natürlich keinen speziellen Grund, um Kuchen zu backen – aber ein Kuchen kann einen normalen Tag zu etwas Besonderem und die speziellen unvergesslich machen.

Dicke Sahnetorten oder Cremeschnittchen passen zum Date wie Regen zum Bodypainting. Beim romantischen Dinner mit dem Liebsten muss was Leichtes her, das Vorspiel zum Nachspiel. Mein Favorit ist die Variante mit der Schokolade, falls es jemanden interessiert …

Erste Liebe

Zutaten für 2 Portionen

Teig
2 Platten TK-Blätterteig (10x10 cm)
2 EL weiche Butter

Deko:
Puderzucker oder Kakaopulver

Erdbeer-Baiser-Quark
2–3 Mini-Baiser (vom Bäcker)
4–5 große Erdbeeren
100 g Quark
100 g süße Sahne

Orange-Schoko-Creme
½ Orange oder
2 Tropfen Orangenaroma
1 Prise Kardamompulver
2 EL Kakaopulver
4 EL Puderzucker
125 g Creme Double

Apfel-Zimt-Mascarpone
1 kleiner Apfel
4 EL brauner Zucker
2 cl Flüssigkeit (z. B. Apfelsaft, Wodka…)
1 Messerspitze Zimtpulver
1 EL Gelatine
100 g Mascarpone

Zubereitungszeit: 30 Minuten
Backzeit: 10 Minuten
175 °C (Umluft 155 °C)

1. Die Teigplatten im gefrorenen Zustand mit Butter bestreichen, dann antauen lassen. Mit einer herzförmigen Ausstechform (Durchmesser ca. 5 cm) 8 Herzen (jeweils 4 aus einer Teigplatte) ausstechen und im Ofen knusprig backen. Anschließend die Herzen sofort vom Blech nehmen und abkühlen lassen.

2. Je 2 Blätterteigherzen mit etwas Füllung zusammensetzen und Puderzucker oder Kakao darüber sieben.

Füllungen:
Erdbeer-Baiser-Quark: Das Baiser in einem Gefrierbeutel unter einem Küchenhandtuch mit einem Nudelholz oder einer Flasche klein klopfen. Die Erdbeeren waschen, putzen und in Würfelchen schneiden. Die Früchte mit dem Quark verrühren. Die Sahne steif schlagen und mit den Baiserstückchen unter den Erdbeerquark heben. Je schneller man serviert, desto knackiger bleiben die Baiser-Stückchen.

Orange-Schoko-Creme: Die Schale von der Orange abreiben und mit den anderen Zutaten schaumig rühren. Falls die Creme zu fest sein sollte, ein wenig Milch zugeben.

Apfel-Zimt-Mascarpone: Den Apfel waschen, schälen, vom Kernhaus befreien und das Fruchtfleisch in Würfelchen schneiden. Den Zucker unter Rühren in der Pfanne erhitzen. Sobald er karamellisiert, mit der Flüssigkeit ablöschen (weiter rühren!), die Apfelwürfel und das Zimtpulver zugeben. Die Masse kurz aufkochen lassen und vom Herd nehmen. Gelatine nach Packungsanweisung in kaltem Wasser auflösen, kurz erhitzen und zur Apfel-Zimt-Masse geben. Den Mascarpone cremig rühren und die abgekühlte Apfel-Zimt-Mischung darunter heben.

TIPP: Wer Gelierzucker im Haus hat, karamellisiet nur 1 EL Zucker und rührt 2 EL Gelierzucker unter die Apfelstücke. Die Gelatine brauchen Sie dann nicht.

Die Zutaten sind hier ausnahmsweise nur für zwei, weil es sich ja um ein „Date-Dessert" handelt. Für 4 Portionen verdoppeln Sie einfach alle Zutaten.

Die fruchtige Umarmung einer Sommerelfe …

Sommertarte mit Aha

Völlig von der Rolle

Auch Kuchen hat mal Lust auf Karneval!

> *Diese Tarte mache ich gerne als Dessert im Sommer, weil sie so herrlich fruchtig ist und Passionsfrüchte hierzulande noch immer völlig unterrepräsentiert sind.*

Sommertarte mit Aha

Zutaten für 8–10 Stück

Teig
100 g Butter
200 g Mehl
2 EL Vanillezucker (s. Seite 14)
1 Prise Salz
1 Eigelb

Füllung
½ unbehandelte Limette
200 g Mascarpone
4 EL Vanillezucker
150 g Joghurt
2–3 Nektarinen oder Pfirsiche oder 2 Mangos

Das »Aha«
3 Passionsfrüchte
3 EL Puderzucker

Zubereitungszeit: 35 Minuten
Backzeit: 25–30 Minuten
175 °C (Umluft 155 °C)
Kühlzeit: 45 Minuten

1. Die Butter in Würfel schneiden und mit Mehl, Zucker, Salz und Eigelb rasch zu einem krümeligen (Mürbe-)Teig verkneten.

2. Den Teig in 2 Zentimeter dicke Scheiben schneiden, auf eine mit Backpapier ausgelegte Tarte- oder Springform verteilen und einen etwa 2,5 Zentimeter hohen Rand formen. Darauf achten, dass der Übergang zum Rand nicht zu dünn wird. Mit einer Gabel den Teigboden mehrmals einstechen und für etwa 30 Minuten kalt stellen – am besten im Gefrierfach. Den kalten Kuchenboden in den Ofen schieben und backen. Bleibt für die Kühlung keine Zeit, den Boden blindbacken (siehe Seite 10). Anschließend den Kuchen herausnehmen und auf einem Kuchengitter vollständig auskühlen lassen.

3. Die Limette waschen, trocknen und die Schale abreiben, anschließend den Saft auspressen. Mascarpone, Vanillezucker und Limettenschale mit einem Schneebesen verrühren, sodass eine cremige Masse entsteht. Dann den Limettensaft und den Joghurt dazugeben, gut weiterrühren und die Masse gleichmäßig auf den abgekühlten Tarteboden geben.

4. Die Früchte waschen, trocknen, gegebenenfalls schälen und in feine Spalten schneiden. Die Fruchtspalten zum Beispiel sternförmig auf der Mascarponecreme verteilen.

5. Für das »Aha« die Passionsfrüchte halbieren und das Fruchtfleisch inklusive der Kerne herauskratzen. Mit dem Puderzucker verrühren und über den Früchten verteilen.

TIPP: Sie können mehrere Obstsorten mischen, ich persönlich finde aber, dass mehr als zwei verschiedene zu Geschmacksverwirrungen führen können.

Eigentlich fiel mir diese Torte zur Mandelblüte auf Mallorca ein. Doch während die Insel in wilder Romantik sanft vor sich hin duftet, tingeln hierzulande rote Pappnasen und bunte Luftschlangen durch die Straßen. Mit dieser Rolle kann man beides haben.

Völlig von der Rolle

Zutaten für 12 Stück

Teig
4 Eier
1 Prise Salz
125 g Puderzucker
100 g Mehl
3 TL Backpulver oder Natron
100 g gemahlene Mandeln

Füllung
200 g TK-Himbeeren
200 g Ricotta (oder Quark)
140 g Mascarpone
1 Packung Gelatine
3–4 EL Himbeersirup
rote Lebensmittelfarbe (ideal ist Farbe als Gel)
400 g süße Sahne
100 g Amarettini

Deko
200 g Marzipanrohmasse
200 g Puderzucker
grüne Lebensmittelfarbe (ideal ist Farbe als Gel)
60 g Mascarpone
3 EL Puderzucker
1 Schälchen frische Himbeeren
12 Minzeblättchen

Zubereitungszeit: ca. 50 Minuten
Backzeit: 8–10 Minuten
200 °C (Umluft 180 °C)

1. Den Ofen unbedingt vorheizen.

2. Eier trennen. Eiweiß mit Salz steif schlagen und den gesiebten Puderzucker unter ständigem Rühren einrieseln lassen. Eigelb nach und nach unter den Eischnee rühren. Anschließend das Mehl sieben, mit Backpulver und den gemahlenen Mandeln vermischen und vorsichtig unter die Zucker-Ei-Masse heben.

3. Den Teig auf ein mit Backpapier ausgelegtes Backblech streichen und sofort hellgold backen. Den Biskuit aus dem Ofen nehmen und auf ein mit 2 Esslöffel Milch angefeuchtetes Küchentuch stürzen. Das Backpapier abziehen und den Biskuit sofort von der langen Seite her mit dem Küchentuch aufrollen.

4. Himbeeren auftauen und abtropfen lassen. Ricotta mit dem Mascarpone glatt rühren. Gelatine nach Packungsanweisung auflösen, mit dem Sirup und der Lebensmittelfarbe vermischen und unter die Creme rühren. Die Sahne nicht ganz steif schlagen und zusammen mit den Himbeeren unterheben.

5. Die abgekühlte Biskuitrolle vorsichtig öffnen und die Füllung gleichmäßig darauf streichen. Dabei etwas Platz an der äußeren Seite freilassen. Die Amarettini auf der Füllung verteilen und leicht eindrücken. Mit Hilfe des Küchentuchs den Biskuit vorsichtig wieder aufrollen. Die Rolle dabei nicht zu fest zusammendrücken, sonst quillt die Masse ungleichmäßig heraus.

6. Die Marzipanrohmasse mit Puderzucker und Lebensmittelfarbe verkneten und zu einem Rechteck etwas größer als der Biskuit ausrollen. Am besten geht das zwischen zwei Lagen Frischhaltefolie. Den Mascarpone mit dem Puderzucker verrühren und etwas davon als „Kleber“ auf die Rückseite des Marzipanrechtecks streichen. Dieses dann um die Biskuitrolle „tapezieren“. Beide Enden der Rolle sauber abschneiden.

7. Den Rest Mascarponecreme in einen Spritzbeutel füllen, 12 Tupfen auf die Rolle dekorieren und diese mit frischen Beeren und Minzeblättchen verzieren. Die Rolle bis zum Verzehr in den Kühlschrank stellen.

> Carrotcake- oder Möhrenkuchenrezepte gibt es wie Sand am Meer. Und ich liebe sie alle, weil die Rüben den Kuchen einfach so schön saftig machen! Meine Variante ist vollwertig, kernig und rosinenfrei. Einfach perfekt für ein Osterfrühstück!

Kaninchens Himmelreich

Zutaten für 12 Stück

Teig
120 g Pekan- oder Walnüsse
50 g Kürbiskerne
100 g getrocknete Cranberrys oder getrocknete Pflaumen
250 g Karotten
200 g weiche Butter
250 g Vollrohrzucker
2–3 Eier (je nach Größe)
200 g Apfelkompott
200 g Dinkel-Vollkornmehl
1 EL Backpulver
½ TL Salz
2 TL Zimtpulver
1 Messerspitze Muskatnuss
50 g Haferflocken

Frosting
100 g weiche Butter
175 g Frischkäse
1 EL Zitronensaft
300 g Puderzucker (+ evtl. 50 g)
150 g Kokosflocken

Dekovorschläge
Zitronenmelisseblätter, kleine Zuckereier
2–3 Schokohäschen, Mini-Möhrchen …

Zubereitungszeit: 30 Minuten
Backzeit: 45 Minuten
175 °C (Umluft 155 °C)

1. Die Nüsse klein hacken und zusammen mit den Kürbiskernen in einer Pfanne ohne Fett anrösten, zur Seite stellen. Die getrockneten Früchte klein hacken. Die Karotten waschen, schälen und fein raspeln.

2. Die Butter mit dem Zucker und nach und nach die Eier mindestens 3 Minuten lang cremig rühren. Dann das Apfelkompott unterheben. Das Mehl mit Backpulver, Salz, Zimtpulver und Muskatnuss vermischen, zur Butter-Ei-Creme geben und weiterrühren. Dann hat der Rührer seine Schuldigkeit getan, der Rest der Zutaten kann mit einem Löffel untergehoben werden. **Tipp:** Am einfachsten geht es, wenn Sie sich an folgende Reihenfolge halten: Haferflocken, Kürbiskerne, Nüsse, Trockenobst und zuletzt die geraspelten Karotten.

3. Den Teig in eine gefettete Spring- oder in eine rechteckige Backform geben und backen. Anschließend den Kuchen herausnehmen und auf einem Kuchengitter vollständig auskühlen lassen.

4. Für das Frosting die Butter schaumig schlagen, den Frischkäse und den Zitronensaft dazugeben und gut verrühren. Den Puderzucker darüber sieben und ebenfalls unterrühren. Dann zwei Drittel der Kokosflocken einrühren und die Creme kalt stellen. Sollte sie nach dem Kühlen noch zu flüssig sein, noch etwas Puderzucker unterrühren. Die Creme auf den abgekühlten Kuchen gießen und mit den restlichen Kokosflocken bestreuen.

5. Jetzt setzen Sie Ihre Dekoartikel in Szene: Aus der Melisse bauen Sie z. B. ein grünes Nest für die Eier. Setzen die Häschen (bitte vorher die Folie entfernen) ebenfalls auf ein Blatt Melisse und dekorieren echte Möhrchen darum herum.

TIPP: So wird die Torte ein echter Eyecatcher: Bereiten Sie „grünen Zucker" zu (siehe Rezept auf Seite 15). Normalerweise nimmt man Minze, in der Kombi schmeckt das aber nicht so dolle, finde ich. Verwenden Sie hier lieber Melisseblätter. Wenn Sie den Zucker jetzt über den Kuchen streuen, sieht es aus wie „Rasen".

Bescheidenheit ist in diesem Backbuch zum Glück nicht angesagt. Deswegen schreibe ich es jetzt einfach gerade heraus: Diese Kekse sind die besten der Welt, und man könnte mit ihnen durchaus einen deftigen Streit schlichten, weil sie einfach so gut sind! Außerdem sind sie ein prima Last-Minute-Geburtstagsgeschenk.

Friedenskekse

Zutaten für etwa 30 Kekse

Teig
225 g weiche Butter
150 g brauner Vollrohrzucker
200 g gezuckerte Kondensmilch (½ Dose)
340 g Mehl
½ TL Gewürzmischung aus Zimtpulver, Muskat und Nelke, alternativ Spekulatiusgewürz oder nur Zimtpulver
100 g weiche Karamellbonbons (am besten sind die günstigen No-Names aus dem Drogeriemarkt, die zerlaufen herrlich, gut sind aber auch die weichen Werther's Echte)
150 g Nüsse (ich verwende immer eine gesalzene Nussmischung)

Zubereitungszeit: 60 Minuten
Backzeit: 14 Minuten pro Blech
180 °C (Umluft 160 °C)

1. Den Ofen unbedingt vorheizen.

2. Die Butter mit dem Vollrohrzucker für 2–3 Minuten lang schaumig rühren, bis sich die Zuckerkristalle aufgelöst haben. Dann die Kondensmilch dazugeben und 1 weitere Minute rühren. Das Mehl und die Gewürzmischung vorsichtig unterheben.

3. Die Karamellbonbons je nach Größe dritteln oder vierteln, zusammen mit den ganzen Nüssen zum Teig geben und mit einem Löffel einrühren. **Tipp:** Der Teig darf nicht zu glatt werden, denn je grober die Masse, desto knuspriger werden die Kekse später.

4. Mit einem Esslöffel kleine Teighäufchen auf ein mit Backpapier ausgelegtes Blech setzen. Die Häufchen mit einer Gabel oder mit den Fingern leicht flach drücken. Die Teigkleckse sollten etwa 1,5 Zentimeter hoch sein und nicht zu dicht nebeneinander liegen, da sie beim Backen noch etwas aufgehen. Die Kekse sofort im vorgeheizten Ofen backen.

5. Die fertigen Kekse sofort vorsichtig mit dem Pfannenheber vom heißen Blech nehmen – auch wenn sie noch etwas weich sein sollten – und zum Auskühlen auf ein Kuchengitter legen. Keksteig backt immer noch etwas nach, wartet man zu lange, werden die Friedenskekse zu trocken.

TIPP: Ich verteile die angegebene Teigmenge auf zwei Bleche und backe diese nacheinander, um den Garpunkt besser abzupassen. Im Umluftherd kann man die Bleche natürlich auch gleichzeitig backen.

Sie können für die Kekse natürlich auch normalen Zucker verwenden, aber mit Vollrohrzucker bekommen sie diesen zusätzlichen karamelligen „Mhhhhh ...“-Effekt.

Ich bin kein Herbstfan, weil diese Jahreszeit Vorbote des Winters ist. Die Zeit zwischen Rosh ha-Shana und Jom Kippur (dem jüdischen Neujahrsfest und dem Versöhnungstag) finde ich aber auch ohne religiös zu sein toll. Bestimmte Lebensmittel werden in vielen Religionen für Rituale verwendet. Bei meinem Kuchen sind es Äpfel und Honig, die für das erhoffte süße, schöne Leben stehen sollen, die Kerne des Granatapfels für gute Wünsche und der Zimt als Vorfreude auf das, was man im Sommer noch nicht genossen hat. Da man den Reichtum teilen sollte, genießen Sie den Kuchen am besten mit anderen zusammen – das bringt Glück!

Alles-wird-gut-Apfelkuchen

Zutaten für 12 Stück

Belag
5 Äpfel (z. B. Boskop, Cox Orange)
3 EL Zitronensaft
3 EL Zucker
½ TL Zimtpulver
1 Granatapfel

Teig
4 EL kalte Butter
6 EL Mehl
1 TL Backpulver
5 EL Honig
1 Ei

Zubereitungszeit: 50–60 Minuten
Backzeit: 30–40 Minuten
180 °C (Umluft 160 °C)

1. Die Äpfel waschen, schälen, vom Kernhaus befreien und das Fruchtfleisch in dünne Scheiben schneiden. Am besten geht das mit einem Gurkenhobel. Die Apfelscheiben mit Zitronensaft, Zucker und Zimtpulver vermischen.

2. Den Granatapfel halbieren und die Hälften in der Mitte auseinanderbrechen. Anschließend die Kerne herausfummeln. Das geht am besten, indem man die Apfelviertel in eine große Schüssel mit Wasser taucht und die Kerne mit den Händen von der Schale löst. Ist das „Unterwasserwerk" vollbracht, die Kerne abtropfen lassen und unter die Apfelscheiben mischen.

3. Die Butter in Würfel schneiden und mit Mehl, Backpulver, Honig und Ei rasch zu einem glatten (Mürbe-)Teig verkneten.

4. Die Apfelmischung auf einem mit Backpapier ausgelegten Kuchenblech verteilen. (Ja, Sie haben richtig gelesen, umgekehrte Reihenfolge!)

5. Den Teig entsprechend groß ausrollen und über die Apfelmischung legen. Beim Backen verläuft der Teig dann zu einer goldbraunen knusprigen Decke.

> *Diese Strudelvariante geht blitzschnell und ist sowohl als Kuchen am Nachmittag oder Dessert am Abend passend. Die Strudel schmecken warm aus dem Ofen oder aber auch kalt, am besten jedoch mit der extra vanilligen Vanillesauce oder einer ehrlichen Kugel Eis.*

Scharfer Mangostrudel

Zutaten für 4 kleine Strudel

Teig
50 g Butter
3 Blätter Filo- oder Strudelteig à 30 g (alternativ: 8 große Platten Wantan-Teig)

Füllung
50 g Mandelstifte
1 reife Mango
1 rote Chilischote
1 Eiweiß zum Verkleben
2 TL Vanillezucker (s. Seite 14)

Vanillesauce
400 ml Milch
2 TL Speisestärke
1 Eigelb
1 Vanilleschote
200 g süße Sahne
5 EL Zucker

Zubereitungszeit: 40 Minuten
Backzeit: 20 Minuten
175 °C (Umluft 155 °C)

1. Butter schmelzen. Den Teig in 8 Quadrate schneiden (Seitenlänge jeweils etwa 15 x 15 cm). Die Quadrate mit der Butter einpinseln und jeweils zwei übereinanderlegen. Übrige Butter beiseitestellen.

2. Die Mandelstifte in einer Pfanne ohne Fett goldbraun rösten. Die Mango schälen und das Fruchtfleisch in kleine Stücke schneiden. Die Chilischote halbieren, Kerne und die weiße Haut entfernen, den Rest der Schote sehr fein hacken. Mango -und Chilistückchen mit den Mandelstiften gut vermischen.

3. Jeweils einen schmalen Streifen Frucht-Nuss-Mischung mittig auf die Teigquadrate geben. Den Teig jeweils über die kurze Seite der Fruchtstreifen schlagen. Mit einem Pinsel eine dünne Schicht Eiweiß auf alle Klebestellen streichen. Nun den Teig jeweils über die lange Seite der Fruchtstreifen zu einem Strudel zusammenklappen.

4. Die Ministrudel mit der Nahtseite nach unten auf ein mit Backpapier ausgelegtes Blech legen. Mit der restlichen Butter bepinseln und etwas Vanillezucker darüberstreuen, bevor alles im Ofen gebacken wird.

5. Für die Vanillesauce die Milch in einen Topf gießen, mit der Speisestärke verquirlen, dann das Eigelb zufügen und ebenfalls gut einrühren. Die Vanilleschote mit einem scharfen Messer halbieren und mit dem Messerrücken das Mark herauskratzen. Das Vanillemark, die Schote, die Sahne und den Zucker zur Eiermilch geben. Alles unter ständigem Rühren zum Kochen bringen. Sobald die Flüssigkeit etwas zäher wird, den Topf vom Herd nehmen und die Schote herausfischen.

TIPP: Die Strudel zum Servieren schräg durchschneiden und übereinander türmen. Die Vanillesauce in einem hübschen Kännchen dazustellen.

Diese Pies gehen unglaublich schnell und sind ein toller Aufwärmer für kalte Adventstage oder den frostigen Januar.

Heiße Hüpfer

Zutaten für 6 kleine Pies

1 Glas oder runder Plätzchenausstecher (Durchmesser ca. 10 cm) zum Ausstechen, evtl. 1 Mini-Stern oder -Herzausstecher

Teig
6 Platten TK-Blätterteig (10x10 cm)
12 TL weiche Butter
6 TL Zucker
1 Eigelb
2 EL Milch

Füllung
ca. 200 g rote Johannisbeeren
200 g Preiselbeerkonfitüre
½ TL Chilipulver

Zubereitungszeit: 30 Minuten
Backzeit: 20–25 Minuten
200 °C (Umluft 180 °C)

1. Die Blätterteigplatten noch gefroren mit der Hälfte der Butter bestreichen und antauen lassen.

2. Mit einem Glas, das etwas größer als die Förmchen (Durchmesser 5–8 Zentimeter) ist, Kreise in den Teig drücken und diese mit einem Messer ausschneiden. Das Glas strategisch günstig platzieren, sonst geht zu viel Teig verloren. Die Teigreste für den „Deckel" einfach in Streifen schneiden oder mit Mini-Förmchen Herzen, Sterne oder andere Figuren ausstechen.

3. Feuerfeste Muffin-, Pie- oder Soufflé-Förmchen mit der übrigen Butter einfetten und zuckern. Jeweils den Boden und den Rand mit den Blätterteigkreisen auskleiden.

4. Johannisbeeren waschen und die Stiele entfernen. Die Beeren mit der Preiselbeerkonfitüre und dem Chilipulver vermischen und die Mischung in die Förmchen füllen.

5. Die Blätterteig-Deko auf die Pies legen und die Teigstücke etwas andrücken. Damit die Pies schön goldgelb werden, vor dem Backen Eigelb und Milch verrühren und die Teigstücke mit der Eiermilch bestreichen.

6. Die Pies im Ofen backen. Falls sie zu dunkel werden sollten, einfach die letzten 5–10 Minuten Alufolie darüber legen.

TIPP: Dazu passt geschlagene Zimtsahne (süße Sahne steif schlagen und ½ Teelöffel Zimtpulver unterrühren) oder Karamelleis.

Ich liebe Schokolade. Das ist mittlerweile kein Geheimnis mehr. Deswegen müssen Schoko-Muffins bei mir auch wirklich schokoladig sein. Ganz ehrlich: Wer will schon in einem Riesenmuffin nur 1-2 Schokostückchen vorfinden? Genau! Bei diesem Rezept wird daher nicht gespart, sondern richtig reingehauen. Diese Muffins versetzen einen in einen angemessenen Rausch, der nur dem Kauf von etwa drei Paar Schuhen nahekommt.

Mega-Schoko-Rausch-Muffins

Zutaten für 12 Riesenmuffins

Teig
250 g Butter
250 g Zucker
4 Eier
1 Eigelb
250 g Mehl
100 g ungesüßtes Kakaopulver
12 EL Milch oder süße Sahne
200 g Schokolade oder für den ultimativen Schoko-Zucker-Schock: Schokoladenbonbons mit Karamellfüllung (z. B. Werther's oder Rolos)

Zubereitungszeit: 35 Minuten
Backzeit: 19 Minuten
190 °C (Umluft 170 °C)

1. Die Butter mit dem Zucker gut verquirlen. Die Eier und das Eigelb dazugeben und das Ganze schaumig rühren. Das Mehl darüber geben und weiter rühren, bis ein glatter Teig entstanden ist.

2. Nun das Kakaopulver und nach und nach die Milch oder Sahne in den Teig rühren. Der Teig sollte nicht zu feucht werden, sondern nach wie vor zäh bleiben.

3. Die Schokolade in grobe Stücke – für den perfekten Schokorausch nicht zu klein (!) – hacken und unter den Teig heben. Bonbons mit Füllung ganz lassen, damit das Innere beim Backen nicht herausfließt.

4. Den Teig vorsichtig in ein mit Papiermanschetten ausgelegtes Muffinblech oder in Muffin-Silikonförmchen geben. **Tipp:** Die Förmchen lieber etwas „gehäufelt" füllen, da dieser festere Teig nicht allzu sehr aufgeht.

TIPP: Bei der Schokolade haben Sie alle Freiheit der Welt. Sie können „monothematisch" bleiben und nur eine Schokosorte verwenden, aber auch Nikoläuse oder Osterhasen recyceln, Nougat einsetzen, Schokobons halbieren, Marzipanschweinchen oder ganze Schokoladenbonbons mit Karamellfüllung nehmen (der Wahnsinn!). Rum-Rosinen-Schokolade (dann 1–2 Tröpfchen Rum zum Teig geben) oder Kokos-Schoko-Riegel (auch toll). Alles ist erlaubt. Nur bunte Schokolinsen würde ich mir verkneifen. Ich hab das einmal ausprobiert. Geschmacklich toll, aber die Dinger geben beim Backen ihre Farbe ab und das sieht dann weniger lecker aus.

Es müssen nicht immer nur Plätzchen sein. Dieses Rezept erinnert ein bisschen an den Christmas-Pudding aus England. Da der allerdings für den deutschen Gaumen kaum erträglich ist – sorry, liebe Briten! – empfehle ich diese „leichtere" Cupcake-Variante.

Weihnachts-Cupcakes

Zutaten für 12 Cupcakes

1 Mini-Sternausstecher

Teig
100 g weiche Butter
100 g brauner Zucker oder Vollrohrzucker
2 Eier
100 g Vollkornmehl
1 Prise Salz
2 TL Lebkuchengewürz
6 getrocknete Feigen
40 g Sultaninen
100 g glacierte halbierte Kirschen (alternativ Orangeat, ist aber meiner Ansicht nach nicht so lecker)

Frosting
60 g weiche Butter
100 g Mascarpone (oder Frischkäse)
250 g Puderzucker
3 TL Brandy

Deko
50 g Marzipanrohmasse
50 g Puderzucker
Lebensmittelfarbe

Zubereitungszeit: ca. 60 Minuten
Backzeit: 14 Minuten
180 °C (Umluft 160 °C)

1. Butter und Zucker schaumig rühren, dann die Eier dazugeben und gut weiter-rühren. Das Mehl mit dem Salz und dem Lebkuchengewürz mischen. Die Feigen klein hacken. Die Mehlmischung zusammen mit den Sultaninen, den Kirschen- und den Feigenstückchen mit einem Holzlöffel vorsichtig unter den Eischaum heben.

2. Den Teig in ein mit Papiermanschetten ausgelegtes Muffinblech oder in Muffin-Silikonförmchen geben und goldbraun backen. Die Cupcakes anschließend sofort aus den Formen nehmen und auf einem Kuchengitter komplett abkühlen lassen.

3. Für das Frosting Butter und Mascarpone mit dem elektrischen Rührgerät glatt rühren. Abwechselnd Puderzucker darübersieben und Brandy dazulöffeln. Je nach Bedarf die Konsistenz mit 1–2 Esslöffel Puderzucker zusätzlich „andicken". Ist die Masse dennoch zu flüssig, kann man sie für ein paar Minuten in den Kühlschrank – besser noch ins Gefrierfach – stellen.

4. Das Frosting in einen Spritzbeutel geben und gleichmäßig Mützchen auf die ausgekühlten Cupcakes tupfen.

5. Die Marzipanrohmasse mit dem Puderzucker verkneten und mit der Lebensmittelfarbe je nach Laune einfärben, ausrollen und 24 Mini-Sterne ausstechen. Je zwei Marzipan-Sternchen auf die Cupcake-Mützchen setzen.

TIPP: Besonders saftig werden die Cupcakes, wenn Sie die Kuchen 10 Minuten nach dem Backen mit etwas extra Brandy beträufeln.

Die Krone der Makrone

Haben Sie auch gerne mal einen in der Krone?

So lecker kann Recycling sein.

Nikolausis Schokoladenseite

Vielleicht denken Sie jetzt, ich habe einen an der Krone, weil ich hier ein Makronenrezept veröffentliche. Makronen kann jedes Kind. Sicher! Aber viele Erwachsenen, scheinbar nicht mehr, sonst gäbe es nicht jedes Jahr pünktlich zu Weihnachten Backmischungen für diese leckere Nascherei. Bei mir ist mit dieser fruchtigen Variante 365 Tage im Jahr Kokoszeit. Die Krone ist saftig und überraschend fruchtig. Jetzt wollen Sie mir doch danken. Tun Sie das! Empfehlen Sie das Buch einfach weiter, wenn Sie jemand nach dem Rezept fragt.

Die Krone der Makrone

Zutaten für ca. 20 Makronen

Teig
2 Eiweiß
1 Prise Salz
100 g Puderzucker
50 g getrocknete Mangostückchen
50 g Marzipanrohmasse
5 EL Rum
100 g Kokosraspel

Deko
100 g weiße Kuvertüre
½ Biolimette

Zubereitungszeit: 50 Minuten
Backzeit: 20 Minuten
150 °C (Umluft 130 °C)

1. Den Ofen unbedingt vorheizen.

2. Das Eiweiß mit dem Salz 3–4 Minuten lang steif schlagen. Dann nach und nach die Hälfte des Puderzuckers dazugeben, dabei den Eischnee weiterschlagen. Nun die zweite Hälfte ebenso dazugeben. Durch die portionsweise Zugabe des Zuckers wird der Eischnee gleichmäßiger und bleibt fest.

3. Die Mangostückchen sehr klein hacken. Die Marzipanrohmasse mit dem Rum mischen. Die Kokosraspel und die Mangostückchen gleichmäßig mit dem Marzipan verrühren. Zuletzt vorsichtig den Eischnee unterheben.

4. Mit zwei Teelöffeln walnussgroße Häufchen aus der Makronenmasse formen und diese auf ein mit Backpapier ausgelegtes, möglichst kaltes Blech setzen. **Tipp:** Arbeiten Sie auf Abstand, da die Makronen beim Backen etwas aufgehen. Und arbeiten Sie nicht zu genau, die Makrönchen sehen etwas „grob" schöner aus. Sofort im vorgeheizten Backofen backen und danach zum Auskühlen auf ein Kuchengitter legen.

5. Die Kuvertüre über dem heißen Wasserbad schmelzen. Die Schale von der Limette abreiben und unter die Kuvertüre rühren.

6. Die abgekühlten Makronen einzeln mit dem „Fuß", also von unten, kurz in die Kuvertüre tauchen und abtropfen lassen. Die schokolierten Makronen zum Erkalten auf Backpapier oder auf ein Kuchengitter legen.

TIPPS: Die niedrige Backtemperatur ist wichtig, da die Makronen eher trocknen als backen müssen, sonst werden sie zu hart. Sind die Makrönchen doch zu „Betönchen" geworden, können Sie sie meist retten, indem Sie sie in einer Keksdose mit einem Stück Apfel (wie Lebkuchen) aufbewahren. Ein Tag Wartezeit müsste ausreichen, und schon sind die Makronen wieder saftig.

Noch fruchtiger werden die Makronen, wenn Sie statt Rum Kokos- oder Mangosirup verwenden.

„Dieses kleine Törtchen hat es in sich. Es besteht nämlich aus dem kompletten Inhalt eines Nikolaustellers. Praktisch, wenn man mal wieder nicht einkaufen war und dennoch was Kreatives anbieten möchte!“

Nikolausis Schokoladenseite

Zutaten für 6–12 Törtchen

Teig
100 g Nüsse (oder fertiges Nussmus)
100 g Vollmilchschokolade aus Weihnachtsmännern
50 g Butter

Füllung
6 Kekse (z. B. Spekulatius oder Butterplätzchen)
1 Ei
250 ml Milch
200 g süße Sahne (1 Becher)
1 EL Vanillezucker (s. Seite 14)
1 Prise Vanillepulver, falls vorhanden (s. Seite 14)

Deko
6–8 Mandarinen oder Orangen

Zubereitungszeit: 15 Minuten
Kühlzeit: 30 Minuten

1. Für den Teigboden die Nüsse in einem Blender oder Mixer so lange hacken, bis ein cremiges Mus entsteht. Das dauert einige Minuten. Wem das zu aufwendig ist, der kann natürlich auch fertiges Nussmus kaufen.

2. Die Schokoweihnachtsmänner klein hacken und über einem heißen Wasserbad schmelzen. Das Nussmus und die Butter unter die Schokolade rühren und gleichmäßig in Gläser oder Muffinförmchen füllen. Wer möchte, kleidet die Förmchen vorher mit Frischhaltefolie aus. Die Formen mit den Schoko-Nussböden zum Festwerden in den Kühlschrank stellen.

3. Für die Füllung die Kekse zerbröseln. Das Ei mit der Milch in einem Topf verquirlen, die Keksbrösel zufügen und die Flüssigkeit unter ständigem Rühren langsam erhitzen (nicht kochen!), bis sie leicht eindickt. Die Kekscreme vom Herd nehmen und abkühlen lassen.

4. Die Sahne mit dem Vanillezucker und eventuell etwas Vanillepulver leicht aufschlagen und vorsichtig unter die Milch-Kekscreme heben. Die Füllung in einen Spritzbeutel mit glatter Lochtülle füllen und auf die Schoko-Nussböden spritzen.

5. Mandarinen oder Orangen schälen, dabei so gut es geht die weiße Haut sowie die Kerne entfernen. Die Filets herauslösen und diese sternförmig auf die Füllung legen. Die Förmchen bis zum Servieren kalt stellen.

Dank

Wenn es um's Essen geht, leide ich an akuter Reizüberflutung. Lebensmittel sind so toll! Pro Zutat kommen mindestens fünf Ideen spontan, drei weitere folgen umgehend. Da muss auch mal einer sagen: So, Ruth – jetzt ist es vollbracht.

Oder sollte ich besser sagen: angerichtet? Mein fünftes Buch ist fix und fertig und bereit in die Welt hinauszugehen. Das ist jedes Mal wieder ein herrliches Gefühl. Wie immer war ich auch diesmal nicht allein in Teufel's Küche, sondern hatte viele kleine Engelchen um mich herum.

Ich möchte mich natürlich bei all den freiwilligen und unfreiwilligen Testessern und Esserinnen bedanken, die mich durch lautes Schmatzen und glücklich strahlende Augen stets motiviert und bestätigt haben. Unzählige liebe Kollegen und Redakteure, Autoren, Freunde und Freundinnen, deren Mütter (insbesondere die von Thomas, Betty und die Oma von Anne-Marie), meine Mädels vom Plätzchen-Backcontest und meine backfreudige Verwandtschaft haben auf ihre Art und Weise mitgeholfen.

Danke auch an Peter, der oftmals an meinem Arm hängt, wenn ich mal wieder mit der Nase an irgendwelchen Konditoreifenstern klebe. Und, danke an Betty, für die zahlreichen kulinarischen Exkurse, insbesondere in den Straßen von London!

Mein Sightseeing auf kulinarische Art darf ich natürlich auch nicht vergessen: Ich bedanke mich bei allen Menschen, die ich auf meinen Reisen getroffen habe. Für mich ist es jedes Mal ein Erlebnis, in die Küchen fremder Länder zu blicken und sich für neue Geschmackserlebnisse zu öffnen.

Vielen Dank auch an Bernd Jaworek, Nadine Ostafinski und Roland Brücher, Amant Maitresse, Cimp Design, Lena Hoschek, Revanche de la Femme, Unrath & Strano, Verlocke, ... die alle zusammen dafür gesorgt haben, dass alle anwesenden Törtchen, inklusive dem Moschnerschen, lecker ausgesehen haben!

Danke an alle Konditoren dieser Welt. Ihr seid wahre Künstler und schenkt uns jeden Tag ein kleines Stückchen vom Paradies!

Bildnachweis

Fotografie People: Bernd Jaworek
Haare/Make up: Nadine Ostafinski
Styling: Roland Brücher

Fotografie Food: Maike Jessen
Foodstyling: Diane Dittmer, Julia Luck

Illustrationen: Eva M. Salzgeber

Für die freundliche Unterstützung
der Fotoproduktion danken wir:
Schmuck: Cimp Berlin, www.cimp.biz
Abendkleid blaue Spitze: unrath & strano
Rotes Kleid Bett: Cinque, www.cinque.de
Blusen: Lena Hoschek, www.lenahoschek.com

Redaktionsleitung Susanne Kirstein
Projektleitung Eva Wagner
Redaktion Manuela Krämer M. A., Mering
Cover zeichenpool
Layout & Producing Eva M. Salzgeber, Neubeuern
Bildredaktion Sabine Kestler
Korrektorat Susanne Langer M. A.

Reproduktion Regg Media GmbH, München
Druck und Verarbeitung Mohn media Mohndruck GmbH, Gütersloh

Printed in Germany

ISBN 978-3-517-08803-7
9817 2635 4453 6271

MIX Papier aus verantwortungsvollen Quellen FSC® C011124

Verlagsgruppe Random House FSC®-DEU-0100
Das für dieses Buch verwendete FSC®-zertifizierte Papier Allegro halbmatt liefert Sappi Gratkorn.